큰 사상가 다석 유영모 이야기

큰 사상가 다석 유영모 이야기

지은이·박재순
꾸민이·성상건
편집디자인·자연DPS

펴낸날·2023년 11월 27일
펴낸곳·도서출판 나눔사
주소·(우) 10270 경기도 고양시 덕양구 푸른마을로 15
301동 1505호
전화·02)359-3429 팩스 02)355-3429
등록번호·2-489호(1988년 2월 16일)
이메일·nanumsa@hanmail.net

ISBN 978-89-7027-891-9 03100
값 15,000원
잘못된 책은 바꾸어 드립니다.

큰 사상가
다석 유영모
이야기

박재순 지음

나눔사

유영모는 누구인가?

다석 유영모는 누구인가? 도올 김용옥은 유영모를 만나지 못한 것이 '천추의 한'이라고 말했다. 성서학의 권위자 정양모는 "인도는 석가를 냈고 그리스는 플라톤, 독일은 칸트, 중국은 공자를 냈다면, 우리나라는 유영모를 냈다."고 하였다. 우리가 세계에 내놓을 수 있는 위대한 사상가가 유영모라는 것이다. 호주의 대학교에서 교목으로서 가르치던 어떤 목사는 유영모의 어록을 수십 번 읽고 외우면서 평생 유영모의 사상을 연구하고 알리는 일에 전념하고 있다.

유영모는 널리 알려진 인물이 아니다. 그는 대학교 밖에서 평생 강의를 하였으나 책을 쓰지는 않았다. 그러나 그의 영향을 받은 큰 사상가들이 많다. 오산중학교에서 유영모에게 배운 함석헌은 70대 후반의 늙은 나이에도 "내게 좋은 선생님이 계셨지요. 다석 유영모 선생님!" 하면서 유영모에 대한 존경과 감사를 드러냈다. 오랜 세월 유영모의 강의를 들은 김흥호와 박영호는 평생 유영모의 사상을 연구하고 가르치는 일에 헌신하였다.

성균관 대학교 유학대학장, 한국정신문화원장을 지낸 류승국은 30대 대학원생 시절에 유영모를 찾아가 배웠다. 말년에 류승국은 이른 아침에 일어나 유영모의 사진 앞에서 명상하며 하루를 시작하였다. 그는 이렇게 말했다. "유영모는 땅에 발을 딛고 살았지만, 정신은 하늘에서 살았다. 그의 정신과 사상을 이해할 수도 없지만 이해했다고 해도 남에게 전할 수가 없다."

나는 함석헌의 씨올사상을 연구하면서 함석헌의 깊고 창조적인 정신세계와 언어세계에 감동하였고 함석헌 사상의 배경과 뿌리에 관심을 갖게 되었다. 유영모의 사상을 공부하면서 함석헌과 유영모의 사상과 정신 세계가 뗄 수 없이 결합되어 있음을 확인하였다. 새길교회의 새길기독문화원 길희성 원장의 초청으로 나는 2001년에 10회에 걸쳐 유영모의 사상을 강의하였다. 유영모의 사상을 연구하고 강의하면서 나 자신이 먼저 그의 정신세계에 깊이 빠져들었다.

4년마다 열리는 세계철학대회가 2008년에 아시아에서는 처음으로 서울에서 열렸다. 세계철학대회를 앞두고 나는 '동서사상을 아우른 창조적 생명철학자 다석 유영모'란 제목으로 현암사에서 책을 내었다. 세계철학자대회에서 '유영모 함석헌 철학 발표회'를 열고 19명의 학자들이 이틀에 걸쳐 발표하고 토론하였다. 유영모와 함석헌의 철학사상이 한국의 현대철학으로 언론과 대중에게 큰 관심을 끌었다.

일본 교토의 공공철학연구소 소장 김태창 박사는 나의 책 '다석 유영모'의 내용을 소개하는 글을 2회에 걸쳐 공공철학연구소에서 발행하는 철학잡지에 실었다. '생각'을 생명의 근본행위로 보고 '생각의 불꽃'에서 '내'가 생겨난다는 유영모의 생명철학은 일본의 철학자들에게 큰 관심을 불러일으켰다. 그들은 유영모의 생명철학이 막다른 골목에 이른 서양철학의 길을 열어줄 것으로 기대하였다. 2009년에는 한국과 일본의 철학자 25명이 모여 '씨올철학과 공공철학의 대화'라는 주제를 내

걸고 유영모와 함석헌의 사상에 대하여 3박 4일 동안 진지하고 치열한 대화와 토론을 하였다.

도쿄대학교에서 철학을 가르친 오가와 하루이사 교수는 한중일의 근현대 사상 연구자다. 그는 안창호와 이승훈처럼 겸허와 사랑으로 인간을 교육하며 독립과 해방운동에 헌신한 인물은 일본과 중국에서는 찾아볼 수 없다고 하였다. 오가와 교수는 안창호 이승훈의 교육운동과 유영모의 고결한 생명철학을 바탕으로 한중일에서 '사람 만들기 운동'을 벌이자고 제안하였다.

한국근현대의 중심에서 형성된 유영모의 생명철학

나는 유영모 사상을 어떤 관점에서 연구했는가? 많은 연구자들이 유영모를 내면의 정신과 영의 관점에서 연구하였다. 나는 유영모의 삶과 사상을 한국근현대의 중심에서 그리고 생명철학의 관점에서 탐구하였다. 70대에 이르러 유영모는 자신이 이승훈과 함석헌이라는 두 벽 사이에서 살았다고 고백하였다. 이승훈은 안창호의 교육 정신과 이념에 따라 오산학교를 설립했고 기독교 대표자로서 삼일운동을 이끌었다. 유영모는 이승훈의 부름에 따라 20세 때 과학교사로서 오산학교에서 가르쳤다. 삼일운동이 일어난 후에는 오산학교 교장으로 잠시 일했는데 이때 삼일운동에 참여했다가 평양고보를 자퇴하고 오산학교로 편입했던 학생 함석헌을 만났다. 안창호와 이승훈의 교육 운동과 삼일운동의 정신과 뜻을 이어받은 유영모와 함석헌은 민주적이고 영적인 생명철학으로서 씨올사상을 형성했다.

유영모는 20대와 30대 초반에 쓴 초기의 글에서 생명철학의 기본원칙과 내용을 확립하였다. 그는 인간의 존재를 흙, 생물, 혈육, 생령(生靈)으로 보았다. 흙(물질)의 타락(墮落)과 타성(惰性)을 극복하고, 혈육의 치정과 탐욕을 제어하며, 향상과 진화를 추구하는 생물의 정력을 기르고, 고결한 뜻과 자비로운 맘으로 완전을 추구하는 생령의 힘을 키우는 것이 '나의 대자연(大自然)'이라고 하였다. 유영모에 따르면 과거, 현재, 미래의 어느 때나 여기, 저기, 거기의 어느 곳이나 있는 것은 오직 '지금, 여기, 나'뿐이다. 지금 여기서 내가 하는 일을 통해 수많은 세계가 열린다. 그리고 그 일을 통해서 수많은 사람과 일과 물건이 이어진다. 일 속에 진리와 도리가 있으니 일을 하면서 "그 진리를 살펴 잇고 그 도리를 밟아 행하면 족하다."

생의 주체로서의 나를 강조한 생명철학자 유영모는 인간을 자연의 질서와 법도, 시간과 과정의 주인과 주체로 보았다. 오산학교 운동가에서 그는 입을 열면 "우레 울리고", 손을 들면 "번개치리라."고 하였다. 그에게 시간은 나를 닦아세우는 수단과 도구다. "이제를 돌삼아 나란 옥을 닦으며 해를 삼키고 달을 토하며 백 년을 살리라." 인간은 자연의 질서와 시간의 흐름, 사회의 질서와 예법에 예속된 존재가 아니다. 그는 인간의 자아와 시간을 일치시켰으며 인간의 자아가 시간의 주인이라고 하였다. '이제'는 '저의 때, 제때', '나의 때'다. 이제 이 순간이 나의 때이므로 흥겹고 신이 난다.

60대 중반에 이른 유영모는 유교경전 '대학'(大學)의 친민(親民)을 '씨올어뵘'(씨올을 어버이 뵙듯 하라)으로 풀이하였다. 민에게 씨올이라는 높은 품격과 자격을 주었고 민을 어버이 뵙듯 하라고 하였다. 민을 나라의 주인과 주체로 보았을 뿐 아니라, 나라의 어버이로 본 것이다. 그는 '대학'에 나오는 격물치지(格物致知)와 이어지는 내용이 그리고 그에 대한 주희의 해석이 이성적이고 합리적 설명에 그치는 것에 만족하지 못하였다. 그는 오래 금식을 하며 깊은 성찰을 한 끝에 땅의 물질세계와 이성적 관념세계를 초월한 하늘의 없음과 빔(빈탕한데)의 자유에 이르렀다. 하늘의 초월적 자유, 얼의 자유에 이를 때 비로소 인간의 맘은 맘껏 자유로울 수 있고 몸과 사물은 본성과 이치에 따라 이루어지게 할 수 있다.

한국근현대사의 중심에서 그리고 생명철학에 비추어서 유영모의 사상을 이해할 때 유영모의 사상적 특징과 공헌이 잘 드러난다. 유영모의 생명철학은 현대서구철학의 물질론, 기계론, 관념론을 확실하게 극복할 수 있었다. 또한 땅의 물질세계와 자연의 질서와 법도, 시간의 흐름과 제약, 운명과 운수에 매인 중국전통철학, 주역 팔괘, 음양오행, 사주명리, 도가와 유가를 비판하고 넘어설 수 있었다. 석가는 자연의 만물과 변화, 인생과 관계를 인연과 계기로 해체하여 사물들에는 고유한 실체와 본성(自性)이 없고 인간에게는 자아(自我)가 없다고 가르쳤다. 이러한 석가의 가르침과는 달리 유영모는 지금 여기의 나를 강조했고 지금 여기서 내가 하는 일 속에서 진리와 도리가 구현되고 있다고 하였다. 유영모에 따르면 물체도 물질의 주체이며 물체도 한없는 존재의 깊이를 가지고 전체와 이어져 있다. 유영모는 동서의 전통사상을 비판적으로 계승하면서 창조적이고 새로운, 세계 보편의 생명철학, 현대의 민주적이고 영적인 생활철학을 닦아내었다.

10여년 전에 제정구 기념사업회 박재천 상임이사의 부름으로 12명의 길벗들과 함께 13회에 걸쳐 다석 유영모에 대하여 이야기 하였다. 박 선생은 녹음한 이야기를 풀고 작은 제목들을 붙였다. 내가 그 내용을 검토하고 교정하여 책으로 펴냈다. 제정구 기념사업회를 중심으로 이 책을 나누어보다가 제정구기념사업회가 문을 닫으면서 이 책도 절판되었다. 유영모의 삶은 남다르고 그의 사상은 깊고 높아서 이해하기 어렵다. 이 책은 유영모의 삶과 사상을 이야기로 풀어쓴 것이므로 유영모의 삶과 사상을 알고 싶은 사람들에게 유영모 사상의 길잡이가 될 수 있을 것이다.

차례

제7강 생각 : 존재의 끝을 불사르며 위로 오르다

제8강 숨은 생명과 얼의 줄

제9강 우리 말과 글로 철학하다

제13강 동서정신문화를 융합하다.

종합 - 다석 유영모의 철학과 사상

제1강

창조적으로 철학하다

다석
유영모

생각과 삶이 하나 되는 방향으로

다석 유영모 선생은 불교, 기독교, 민족종교를 아우르면서 생명사상과 철학을 일군 큰 사상가이시다. 다석은 평생 생각과 삶의 일치를 위해서 노력했다. 최남선, 정인보, 이광수가 다석을 두려워 한 것은 다석이 생각한 대로 행동하는 분이었기 때문이다. 다석사상을 공부하는 이유 중에 하나는 '생각과 삶의 하나 됨'을 배우자는 것이다. 제정구 선생이나 정일우 신부님은 치열하고 철저하게 사신 분들이다. 이 두 분은 생각과 삶이 일치했던 인물로 우리에게 살아 있다.

가난공동체생명 배달학당이라는 이름으로 유영모 선생의 씨올사상과 정신을 공부하기로 한 것은 큰 틀에서 보면 방향을 잘 잡았다고 생각한다. 씨올은 쓸 데 없는 소유를 갖지 않는 가난한 존재요, 더불어 사는 삶을 추구하는 공동체적 존재이며 생명을 품고 실현하는 생명의 알짬이다. 스스로 싹트고 자라고 열매 맺는 씨올의 생각과 삶은 분리될 수 없다. 다석사상을 공부함으로써 생각과 삶이 하나 되는 방향으로 나갈 수 있기를 바란다.

예수와 석가는 누구에게 배웠을까?

무위당 장일순 선생님과 이현주 목사님이 강원도 어느 강둑을 거닐다 이런 얘기를 했다. "예수와 석가는 누구에게 배웠을까? "자연으로부터 배웠을 것이다. 왜 자연으로부터 배웠을까? 자연은 가르치려고 하지 않으니까. 가르치려는 생각자체가 잘못되었다는 것을 일러주는 이야기다. 권정생 선생님도 마지막 죽기 전에 유언처럼 이현주 목사님께 "가르치지 마라, 가르치려고 하지 마라"하셨다고 한다.

사람의 제몫은 죽을 때까지 공부하는 자세를 잃지 않는 것이다. 함석헌 선생님은 "스승은 자신 안에 있다."면서 당신의 가슴을 가리키며 "이 안에 있는 거다."라고 자주 일러주셨다. 누가 누구를 가르친다는 것은 옳은 자세가 아니다. 남한테 배워서 깨닫는 것도 한계가 있다. 진정 자기가 깨닫고 깊이 들어가기 위해서는 자기 속에서 선생님을 찾아야 되지 않나 싶다. 바꿔 이야기하면 자기가 선생님이 되어야 한다. 따로 선생님이 없다.

예수나 석가는 자연으로부터 배웠다. 이분들은 하늘과 별, 산과 강물에서 배우고 밀이나 곡식이나 꽃들에게서 배웠다. 자연자체가 직접 말을 하지는 않는다. 자연 속에서 하나님의 소리를 듣든가, 자기 속의 생명의 소리를 들었을 때 깨달음이 오고 배웠다고 하는 것이다.

그러나 사람은 또 사람에게 배워야 한다. 부모에게 배우고 스승에게 배워서 깨달음과 정신을 이어가고 후세에 전해야 할 사명이 있다. 함석헌 선생님이나 유영모 선생님은 모두 큰 인물이고 스스로 깨달아 깊이 들어간 창조적 사상가들이다. 두 분 다 '제소리'를 내는 인물들이다. 나는 대학 4학년 때부터 함선생님을 따르며 배웠다. 함선생님을 따라 배우며 존경했지만 어느 때부터인가 의심이 나기 시작했다. 아무리 함석헌이 뛰어난 인물이지만 그가 펼치는 독특하고 창조적이며 심오한 언어세계와 사상과 정신의 세계가 한 사람의 머리에서 나오기는 어렵다는 생각이 들었다. 그러다가 박영호 선생의 「씨알 유영모」를읽고 이 의문이 풀렸다. 함석헌 선생님도 당신의 스승인 다석 유영모 선생의 언어세계, 정신세계, 동서사상이 하나로 꿰뚫려 있는 철학세계를 배우고 물려받았다는 것을 알게 되었다.

한국, 동서문명이 창조적으로 만난 자리

다석학회 회장 정양모 신부가 이렇게 말씀하셨다. “나라마다 문화적으로 사상적으로 내세우는 사람이 하나씩 있어야한다. 인도는 석가를 냈고 간디를 냈다. 그리스는 플라톤을, 독일은 칸트를, 중국은 공자를 냈다. 우리나라는 누구를 냈을까? 유영모를 냈다. 우리가 세계에 내놓을 수 있는 인물이 누구냐. 유영모다.”

유영모는 치열하게 생각했다. 생각을 깊이 했다는 점에서는 공자보다 더 깊이 생각했다. 자기 자신을 불태워서 생각하고 실천했다. 정신세계를 탐구하는 치열함에 있어서도 유영모 선생님이 공자보다 깊을 것이다. 우리나라에 원효도 있고, 퇴계 율곡도 있는데 우리가 주목할 점은 유영모가 산 시대가 남다르다는 것이다.

유영모가 살았던 때는 ‘동서세계가 하나로 만나는 시대’였다. 동서정신과 문화가 하나로 만나는 시대다. 서양의 기독교, 과학정신, 민주정신이 동양의 깊은 영성과 종교문화와 하나로 만나는 시대였다. 이런 점에서 유영모에게는 소크라테스와 플라톤과 비교할 수 없는 문명사적인 지위가 있는 것이다. 칸트와 비교할 수 없고, 공자하고도 비교할 수 없다. 원효 퇴계 율곡의 시대와도 비교할 수 없다. 왜냐하면 그들은 모두 유교지평이나 불교지평 또는 독일이라는 울타리 안에, 그리스 세계 안에서 생각하고 살았던 사람들이기 때문이다.

유영모는 세계가 하나로 되는, 동양과 서양이 본격적으로 만나는 그 시점에 살았다. 동서가 만났는데 창조적으로 만난자리가 어디냐면 놀랍게도 '한국'이다. 다른 데서는 이런 만남이 이루어지지 않았다. 미국이나 유럽에서는 동서문명이 만나기 어렵다. 우리는 선택의 여지없이 서양문명이 우리 속으로 깊이 들어왔다. 우리 역사 속에, 문화 속에, 민족의 삶 속에 서양의 정신문화가 깊이 파고 들어왔다. 침입해 들어왔는데 '칼끝처럼 깊이'들어왔다. 특히 기독교문화가 깊이 들어왔다.

민중의 삶까지 내려간 동서양의 만남

자기 종교문화의 주체성을 가지고 서양문화를 깊이 받아들인 나라는 한국이다. 남미의 전통문화는 완전히 짓밟혀 뿌리째 뽑혀버렸다. 아프리카는 근대화, 민주화, 산업화가 제대로 안 됐다. 인도를 봐도 자기 문화적 정체성이 너무 강해서 서구문화가 깊이 못 들어갔다. 지금도 카스트제도가 있는 인도는 서구문화의 민주정신이나 과학정신이 깊이 들어가지 못했고 기독교는 변두리 종교로 머물러 있다. 한국은 100년, 200년 짧은 역사지만 서양문화가 깊이 들어왔다.

한국근현대사를 치열하게 살았던 유영모나 함석헌은 동양문화적인 주체성, 한국정신의 주체성을 가지고 기독교신앙을 누구보다도 깊이 받아들였다. 한국근현대사에서 동서문명이 만나서 새로운 생명과 정신의 새 차원이 열린 것이다. 이런 점에서 우리는 선민이라고 할 수 있다. 왜냐? 고생한 덕분이다. 나라가 망하고 민족이 고생했기 때문에 한국근현대사에서 동서문명의 깊은 만남이 이루어질 수 있었다. 일본은 도쿠가와 막부 이래 국가권력이 강성하니까 아래로부터 민주화운동이 일어나지 못했고, 서양문화를 받아들일 때도 과학이나 상업적인 것만 받아들였지 종교는 받아들이지 못했다. 일본에서는 3만 명 이상이 순교를 했는데도 가톨릭이나 개신교가 뿌리를 내리지 못했다. 중국은 마태오리치를 통해서 기독교가 들어오다가 막혔고, 공산화되면서 기독교는 금지되고, 전통종교는 억압되었다.

국가권력이 쇠퇴하고 지배종교 이념이 약화된 상황에서 민중이 역사와 사회의 주역으로 등장했을 때 서양문화와 기독교가 들어왔다. 민중의 자리에서 역사가 펼쳐지고, 민중이 민주화운동의 주체로 되는 이런 역사의 맥락에서 유영모, 함석헌이 민중의 생명철학을 형성했다. 밑바닥 민중의 삶까지 내려갈 때, 동서고금의 사상을 아우르는 대종합사상이 나오게 된다. 민중은 문화와 사상에 대해서 편견이 없으며 삶 자체, 정신 자체에 대하여 열려있기 때문이다. 민중의 처지에서 민중의 심정으로 생각할 때 종합과 회통의 철학에 이른다. 원효가 무애박을 두드리며 민중 속으로 들어갔을 때 회통의 불교사상에 이르렀고 병들어 신음하는 민중의 심정과 처지에서 생각했을 때 최제우는 유불도를 회통하는 새로운 생명종교사상을 형성했다. 유영모와 함석헌은 식민지 백성의 한 사람으로서 민중의 심정으로 동서고금을 회통하는 민주적인 생활철학을 형성했다.

민중과 하나 되는 체험

유영모는 동양문화의 뼈에 서양문명의 골수를 심으며 하루를 영원처럼 살았다. 동양과 서양, 어느 것이 주(主)고, 어느 것이 종(從)이라는 것이 없다. 다 주(主)다. 다 주체다. 다 주체로서 생동하는 실체로서 편견 없이 받아들였다. 두 개의 강물이 큰 바다 속에서 합류하듯이, 서양과 동양의 정신과 사상이 유영모 사상 속에서 합류한 것이다. 어떻게 이게 가능한가? 민중의 자리니까 가능하다. 우리 근현대사는 서양의 정신과 문화를 받아들여서, 민중이 각성하고 민중의 생명력이 분출하는 역사다. 동학 때부터 3·1운동을 거쳐서 4·19, 1970~80년대를 거쳐 오늘에 이르기까지 민중이 역사의 중심에 서서, 서양정신과 문화의 자극을 받아서, 민중의 에너지가 분출하고 민중이 일어나는 과정이 바로 한국 근현대사다.

유영모 사상의 역사적 맥락은 안창호에게서 시작된다. 안창호 선생은 서재필이 주도한 독립협회와 만민공동회에 참여하여 평안도에 지부를 만들었다. 안창호 20살 때 수천 명이 모인 만민공동회에서 대 열변을 토했다. '민중과 하나 되는'체험을 했다. 평양에서 수천 명의 관민이 모인자리에서 열변을 토하고 민중을 크게 격동시켰다는 것은 민중과 하나가 되었다는 것이다. 같은 해 종로에서 연설을 통해서 민중과 하나가 됐다. '민중과 하나 되는 체험은 무서운 체험'이다. 안창호는 민중과 하나가 되는 마음을 가지고 평생을 사셨던 분이다. 독립운동, 교육운동, 정치운동이 무엇이겠는가? 나라를 세우는 것과 백성 한 사람 한 사람을 일깨워서 바로 세우는 것이 아닌가. 안창호에게는 민중 한 사람 한 사람을 일깨워 바로 세우는 것이 바로 나라를 바로 세우는 것이었다.

당대의 기업가 남강 이승훈은 안창호보다 14살이 더 많았는데 안창호의 연설을 듣고 감동해서 그 다음날 머리를 깎고 나라를 살리는 일에 앞장섰다. 남강은 나라를 살리려면 백성을 일깨워야 한다면서 오산학교를 만들었다. 오산학교에서 유영모, 함석헌이 만났다. 남강 선생이 3·1운동의 주역으로 민중들과 더불어 만세운동을 벌린 것은 민중과 하나가 된 것이다. 남강은 어려서 부모를 잃고 남의 집살이를 하면서 자랐고 오랜 옥중생활에서 밑바닥 민중과 하나 되는 체험을 하였다. 민중과 하나가 된 체험은 평생 간다. 유영모와 함석헌의 사상은 민중과 하나로 되는 체험을 바탕으로 형성되었다.

내가 나로서 자유롭게 되는 것

민중신학의 원조는 유영모다. 민중신학의 중요한 원리인 민중예수, 민중메시아, 민중구원에 관한 말들이 유영모 선생의 글에 나온다. 유영모는 노자가 말하는 진인(眞人)의 경지인 화광동진(和光同塵)을 농부의 얼굴에서 본다고 했다. 흙먼지를 뒤집어쓰며 일하는 농부의 햇빛에 그을린 얼굴이 '빛을 부드럽게 하고 티끌과 같아짐'이라 하였다. 이 얼마나 토속적이고 민중적인 표현인가. 유영모는 노동자 농민이 오늘의 예수이고, 빨래하고 청소하는 여인네들이 한가한 선비와 귀족들의 더러움을 씻어주는 구세주라고 했다.

유영모 사상의 핵심은 '사람을 사람이 되게 하는 것'이다. '내가 나 되는 것,' '내가 나로서 자유롭게 되는 것', '사람이 사람 되는 것'이다. 일본 동경대에서 철학을 가르치다 정년퇴임한 오가와 하루이사 교수는 한중일 근현대 사상연구의 권위를 가진 철학자다. 한국과 중국실학을 깊이 연구한 전문가이기도 하다. 이분이 유영모 사상을 접하고 나서 "망해가고 죽어가는 생태계를 구원하는 사상은 유영모 사상이다"했다. 오가와 교수는 유영모 사상의 핵심을 "자기 몸을 완전히 연소시켜서, 검소하고 겸허하고 알뜰히 사는 것, 고결한 생각을 가지고 검소한 생활을 하는것"으로 보았다.

마르크스주의자였던 오가와 하루이사 교수는 유영모와 더불어 안창호, 이승훈을 내세운다. 우리 시대에 가장 필요한 사상과 실천의 모범을 보인 사람으로 안창호, 이승훈, 유영모를 꼽고 이 셋이 통합되어야 한다고 보았다. 함석헌 선생은 언제나 역사적 스승으로 안창호, 이승훈, 조만식을, 정신의 스승으로 유영모를 내세웠다.

오가와 하루이사 교수에 따르면 오늘날 '자유, 평등, 민주, 인권'에 대한 이론과 사상은 충분히 제시되었고 제도와 체제도 마련되었다. 그러나 사상과 제도를 바르게 실행할 사람이 없다. 현대사회의 인간은 타락했다. 지금 생태계가 파괴되고 지구가 망해가고 사회 공동체가 무너지고 있다. 사회주의자로서 오가와 교수는 사회주의가 왜 망했냐 하고 자문하면서 "사람다운 지도자가 없어서 망했다. 사람다운 인민이 없어서 망했다."라고 말했다. 그래서 그는 안창호, 이승훈의 사람 만들기, 사람 되기 사상과 정신운동이 필요하다고 역설하고 있다. 이것이 나와야 자본주의로 오염된 죽은 생태계를 살리고 공동체를 살릴 수 있다는 것이다.

새 문명, 깊은 종교문화의 자리에서 나온다.

우리나라는 종교문화적인 자질이 뛰어난 나라다. 우리의 원뿌리는 종교문화다. 그런데 우리 나라 종교에는 깊은 생각이 부족하다. 깊이 명상하고 수행하고 지적으로 깊이 들어가는 것보다 봉사하고 움직이는 종교가 많다. 기독교문화도 그렇다. 무슨 신학과 철학이 있는지 모르겠다. 깊이와 지성을 찾기 힘들다.

함석헌은 한국종교의 결점을 직시했다. 종교의 깊이가 없고 주체적인 자각이 없었기 때문에 나라를 지키지 못하고, 다른 나라의 종살이를 하고, 고난의 역사가 되었다고 봤다. 자기 나라를 크게 세우지 못한 이유도 종교문화적인 깊이가 없기 때문이다. 깊은 철학이 없고, 깊은 종교가 없으니까 자기운명을 자기가 결정하지 못했다는 것이다.

고난의 역사에서 깊은 정신과 영성에 도달해야 한다. 그래서 깊은 종교와 깊은 철학을 낳아야 새 시대 새 문명이 열린다. 지금 새로운 공동체 운동을 해야 할 때가 왔다. 동서가 만나고 세계문명을 새롭게 형성하는 깊은 종교와 철학을 이루어야 한다. 씨알철학으로 세계민족들과 민중을 존중하여 소중히 여기고, 민중을 완전히 자유롭게 하나로 끌어안는 '세계시민적인 영성'을 이루자는 것이다.

태양을 꺼라!
어둠 속에서만 하나님과 통신할 수 있다.

과학과 철학에 대한 유영모의 개념정의는 이렇다. "되 배우면 과학이요, 깨 배우면 철학이다."되는 측량한다는 뜻이다. 량이나 크기를 비교하고 측정하는 것, 어떤 기준과 척도를 가지고 비추어보는 것이 과학이다. 나의 편견이나 잘못된 것을 깨뜨려서, 즉 내가 깨져서 배우면 그것이 철학이다. 그래서 철학은 구체적이고 정신적인 것이다. 자아가 깨져서 배우는 것이 철학이다.

유영모는 하늘의 별을 즐겨보았다. 망원경을 만들어 옥상에 놓고 하늘의 별을 보셨는데 밤에 캄캄한 어둠 속에서 하늘을 봐야 실제 우주의 실상을 본다고 했다. 낮에 햇빛으로 환한 것은 먼지에 반사되어 잠깐 보이는 것이지 우주천지는 실제로 어둠 속에 있는 것이다. 우주 전체로는 햇빛이 어둠을 이겨본 적이 없다. 물질적인 햇빛이 사라져야 그때 비로소 우주를 실감한다. 그래서 어둠 속에서만 하나님을 만나고 영적인 세계로 들어간다고 했다. 그런 점에서 저녁이 오히려 하나님을 만나는 시간이라고 볼 수 있다. 태양을 꺼라! 어둠 속에서만 하나님과 통신할 수 있다.

입신양명(立身揚名), 그것은 진리가 아니다.

유영모는 "일하면서 땀 흘리며 겨우겨우 사는 것"이 진리라고 했다. "나는 지금 노동자 복장을 하고 밖에 나가라면 나가겠지만 부자의 차림을 하고는 못 나가겠다." 고하며 '겨우겨우'의 진리를 사셨다. 유영모 아버지는 종로에서 피혁가죽사업을 했다. 유영모는 일본에서 대학공부하려고 예과에 합격했다. 그런데 갑자기 진지한 생각을 하게 되었다. 일제가 천황중심제로 부국강병(富國强兵)을 꾀하던 당시에 대학의 목적은 입신양명과 부국강병이었다. 이것은 진리가 아니잖으냐?

'땀 흘려 일해서 남는 것이 있다면 그것으로 어려운 이웃을 사랑으로 섬기는 것'이 진리의 삶인데, 대학을 간다는 것은 남에게 어려운 일을 시키고 나는 편하게 살기 위해 출세하려는 것이 아닌가? 유영모는 깊은 성찰 끝에 대학을 포기했다. 최소한 3대에 걸쳐서 농사를 지어야지만 민중의 미움을 사지 않고, 하나님으로부터 미움을 받지 않는다면서 자녀들을 대학에 보내지 않았다. 유영모와 그 가족은 하나님과 민중의 미움을 받지 않는 사람이 되려고 엄격하게 살았다.

숨 바로 쉬고, 아들 딸 노릇 잘해야 한다.

유영모는 "척주(脊柱)는 율려(律呂), 맘 거문고"라고 했다. 율려는 음악의 기본음과 조율을 뜻한다. 척주는 몸의 중심이다. 몸의 척주가 바르게 되어야 사람의 삶 전체가 조율이 바르게 되고 기본음이 정해진다. 유영모는 숨을 아주 중요하게 여겼다. 숨을 바로 쉬려면 척주가 바로서야 한다. 실제로 숨을 깊이 쉬면서 척주가 바르게 되면 오장육부가 잘 소통된다. 그래야 정신과 마음이 편하고 아름다운 삶을 살 수 있다. 척주와 마음이 하나로 예술적, 영적으로 소통된다. 몸이 곧고 숨을 바로 쉬는 사람의 마음에서 아름다운 음악이 나온다.

자기 삶의 기본을 세우고 몸과 마음을 조율하며 살아야 한다. 자기가 자기로서 서지 않으면 무슨 일이든지 되는 게 없다. 자기가 자기로서 스스로 서고 스스로 책임지는 삶의 틀을 만들어야 한다. 빈민운동도 빈민이 스스로 서서 자기 삶을 자기가 이끌어 나가는 길을 찾고, 그런 삶의 틀을 찾아야 한다. 삶의 틀이 잡히면 할 일과 해서는 안 되는 일이 구별되고, 서로 설 자리와 할 일이 드러난다. 그래야 나는 내가 되고 너는 네가 되면서 함께 일하고 살 수 있다. 삶의 틀이 바로 잡히면 할 일을 힘껏 하면서도 스스로 기쁘고 더불어 즐겁게 살 수 있다.

유영모, 함석헌은 이런 삶의 틀, 생각의 틀을 제공해주는 분들이다. 씨올사상은 사람 속에 영원한 신적 생명의 씨앗이 있다고 말한다. 신적 생명, 하늘 생명의 씨인 사람은 하늘, 하나님의 씨이고 자녀이다. 내 속에서 신적 생명의 씨가 싹트게 할 뿐 아니라 이웃의 삶에서도 신적 생명의 씨가 싹트게 하는 것이 신의 자녀로서 씨올노릇을 하는 것이다. 동학의 시천주(侍天主), 사인여천(事人如天), 인내천(人乃天)은 이런 삶의 틀을 보여주는 것이며, 우리민족의 원형질적인 종교적 품성을 밝혀 놓은 것이다. 한겨레는 '한'(하늘, 하나님)의 자손이다. 한겨레, 한민족의 심성과 종교문화 속에 '하나님 아들'(天子) 의식이 들어있고, 깊은 영성이 있다. 우리의 정신 속에 이미 이런 삶의 틀이 잡혀 있다.

유영모 함석헌은 하나님을 모시고 받들고 하나가 되어가는 사상을 강조했다. 하나님이 우리 아버지이시고 우리는 그의 자녀로 한 가족을 이루어야 한다. 하나님을 어버이로 믿는다면 마땅히 아들 딸 노릇을 제대로 해야 한다. 예수는 "아들 노릇을 잘 한 사람"이다. 우리도 하늘의 아들 딸 노릇을 잘하려고 노력하고 애쓰는 것밖에 없다. 유영모와 함석헌은 사람이 하늘(신)의 아들딸이라는 것을 씨올이라는 말로 표현했다. 우리가 서로 씨올임을 자각하고 서로 씨올로 존중하고 다 함께 씨올로 살면 세상이 밝아질 것이다.

제2장

통합으로 가다

다석
유영모

삶에서 우러나오는, 모든 것을 아우르는 철학

유영모 사상은 모든 것을 아우르는 통합철학이다. 삶에서 우러나오는 생명철학이기 때문에 통합철학이 될 수 있었다. 책상위에서 남의 책 갖다놓고 여러 이론과 사상들을 머릿속에서 정리했다면 절대로 통합적인 철학이 안 나왔을 것이다.

생명의 성격자체가 통합적이다. 숨은 통하는 것이다. 생명의 근본이 숨인데 숨이 막히면 어떻게 되겠는가. 숨은 온몸에 다 통한다. 생명의 특징 중에 하나가 피가 도는 것이다. 피가 막히면 어떻게 되겠는가. 밥을 먹고 소화흡수해서 배설해야 하는데 어디가 막히면 안 된다. 밥 먹는 것도 통하는 것이다.

물질적인 차원에서는 서로 통합될 수 없는 것들이 생명체의 차원에서는 통합되어 있다. 물질적인 단계에서는 서로 다른 요소들이 남남으로 있을 수밖에 없다. 전혀 관계가 없고 함께 있을 수 없는 이질적인 것들이 생명체에서는 놀라운 방식으로 하나로 되어 있다. 생명은 서로 다른 것들이 하나로 통합된 것이다. 따라서 생명자체가 바로 통합적인 것이다.

또 생명은 함께 느끼는 것이다. 생명체와 생명체가 공명하고 감응(感應) 한다. 이것이 살아 있다는 증거다. 살아 있으면 공명하고 감응한다. 만약에 내 이웃이 고통스럽거나 즐거운데 내게 아무 느낌이 없다면 내 생명이 고장 난 것이다. 옆에서 누가 죽었는데 자지러지게 아프다고 하는데 아무 느낌이 없다면, 옆에서 어린애기가 방실방실 웃는데 아무 감응이 없다면 살아 있는 것이 아니다.

머리하고 몸통하고 분리할 수 없고 몸통하고 팔다리를 구분할 수 없듯이, 생명의 내면에 있는 정신과 마음은 몸과 통합되어 있다. 정신 전체가 연결되고 통일되어 있다. 정신과 맘에 통일된 초점이 없으면 정신분열증이 생긴다.

삶과 믿음에서 통합철학이 나온다.

마음과 정신이 하나로 통해져 있다. 생명에는 '나'라는 주체가 있다. '나'라고 하는 것은 통일성을 뜻한다. 몸과 마음이 분리되었다면 '나'는 없는 것이다. 손과 마음이 따로 노는 사람은 '나'가 없는 사람이다. '제대로 된 사람'은 마음속에 초점이 잡혀서 초점에서 불이 타오른다. 통일된 초점에서 불이 타오르는 것 이것이 살아 있는 것이다. 우리가 하나님을 믿는다고 한다. 하나님 이야기를 한다. 하나님을 만나면 몸과 마음과 정신이 하나로 통일되는 것이다. 하나님을 만났다는 것은 통일됐다 초점이 생겼다 '나'라는 존재가 딱 서게 되었다는 것을 뜻한다.

나아가 하나님을 만났다는 것은'나'뿐 아니라'나'밖의 다른 사람하고도 통하게 되었다는 것을 뜻한다. 하나님을 만난 사람에게는 어떤 사람과도 만날 수 있는 길이 열리는 것이고, 어떤 식으로든지 용서하고 같이 살 수 있는 길이 열린다. 하나님을 만났다는 것은 어떤 식으로든 너와 나와 그 사이의 장벽을 뛰어넘었다는 얘기다.

하나님 앞에서는 역사뿐 아니라, 사회뿐 아니라 우주전체가 조그마한 공처럼 되는 것이다. 아무리 우주가 크더라도 하나님보다는 작은 것이니까 우주가 하나로 통일되는 것이다. 나와 우주가 하나가 되는 것이 내가 하나님을 만났다는 것의 의미이다. 유영모의 생각은 이렇다. 하나님을 믿는다는 것은 생명과 정신과 하나님이 일상에서 통합되는 것이다. 서양철학은 백번 해봐야 통합철학이 안 나온다. 이들은 세상과 관계없이 서재나 연구실에 앉아서 책 들여다보면서 '자신의 실존이나 사회의현실'과는 아무 상관없이 논문을 쓴다. 그러니 어떻게 통합의 철학이 나올 수 있겠는가. 유영모의 통합철학은 삶과 믿음에서 나온 것이다.

사람, 천지인 합일을 이루는 존재

유영모는 20대 초반에 상당히 심오한 생명철학을 제시했다. 유영모의첫번째글 「나의일이삼사」에서 인간의 존재를 설명했는데 여기서 우주와 나의 존재론적 구성이 무엇이냐를 잘 나타냈다. 유영모는 흙, 혈육, 생명, 생령을 우주와 나의 존재구조로 생각했다. 흙은 몸뚱아리를 이루는 물질적인 기초이면서 생명이다. 흙으로 사람을 빚었고, 흙에서 생명이 나온다. 생명을 움직이는 물질적인 요소가 혈육이다. 또 생령은 영적인, 정신적인 요소이다. 흙과 혈육, 생명과 생령으로 구별하여 철학을 설명했다.

흙과 혈육의 본성은 '물질적 유동'이라 했다. 모든 물질은 생성하고 소멸하여 흘러가는 것이다. 흙, 바람, 물, 햇빛 이 모두는 지나가는 것이다. 시간과 함께 지나가는 것이며 멈추지 않는 것이다. 혈육(본능)도 마찬가지다. 잡을 수 없는 것이며, 끊임없이 움직이는 것이다. 그렇다면 생명과 생령은 무엇이냐? 생명적 충동, 향상, 정신, 고결, 자비로 올라가는 것이다. 어디로 올라가느냐? 위로 하나님께로 올라가는 것이다. 더 나아가면 진화론으로 이어진다. 땅의 물질에서 하늘의 영으로 올라가는 것이 진화이다. 생명진화는 땅의 물질에서 하늘로 올라가는 그 과정이다. 유영모는 이것만이 "나의 대자연(大自然)으로 알고 갈 길"이라고 했다. 대자연은 나를 포함한 우주적인 자연 전체를 말한다. 서양에서 자연(Nature)이라고 하면 본성, 본능을 뜻한다. 동양에서도 자연이라고 하면 보통 인간과 자연을 구별하지만 대자연이라고 할 때는 자연과 인간을 하나로 통하게 하는 바탕, 즉 나를 나 되게 하는 본바탕을 뜻한다.

사람이란 무엇이냐? 오랜 생명진화의 결과 사람에게서 비로소 하늘로 올라갈 준비가 되었다. 20억 년 생명진화의 역사는 땅에서 하늘로 올라가기 위해서 온갖 시행착오를 거치고 헤맨 끝에 사람을 낳았다. 사람은 머리를 하늘로 곧게 세우고 직립해 있다. 비로소 하늘을 상대하고 하늘로 올라갈 수 있는 존재가 되었다. 유영모의 철학이 여기서부터 시작된다. 유영모가 말한 귀일(歸一)은 하늘로 올라가는 것이다. 귀일은 하늘에서 하늘과 땅과 사람이 하나로 통합되는 것이다. 유영모는 천지인 합일 체험을 했다. 사람은 직립하여 천지인 합일을 이루는 존재다. 땅의 몸과 하늘의 영을 내 마음으로 하나로 꿰뚫고 올라가는 것, 다시 말해 하늘과 인간과 땅이 하나가 되는 것이 사람이 되는 것이다. 귀일사상, 천지인 합일사상은 통합사상이다.

사람, 하나님이 계신 곳

유영모는 33살에 예수가 말한 "내가 곧 길이요, 진리요, 생명이다."라는 말씀을 자신의 말로 받아드렸다. 이 말로 자신의 생명사상, 생명철학을 드러낸 것이다. 예수, 석가, 공자는 다 근본적으로 생명의 가치를 드러냈다. 예수만이 "내가 길이요, 진리요, 생명이다."라고 말할 수 있는 게 아니라, 생명의 길을 가는 모든 사람은 대장부답게 "내가 길이요, 진리요, 생명"이라고 주체를 선언할 수 있다. 교회에서는 나와 예수님이 전혀 다른 존재임을 강조한다. 그래서 사람들은 감히 "나는 길이요, 진리요, 생명이다."라고 말할 수 없다고 주장한다.

하나님의 아들 노릇을 했던 예수는 모든 사람이 하나님의 아들이고 딸이라고 일러주었다. 모두가 천자(天子)이다. 모두가 하늘의 아들이고 딸이면 우리 속에 하나님이 예수가 들어있다. 예수가 정말 내 속에 살아있다면, 내가 "내가 곧 길이요, 진리요, 생명이다."라고 말할 수 있다. 예수가 내 속에 들어와 있으면 내가 길이요, 진리요, 생명인 것이다.

길은 따로 있지 않다. 옛 사람이 걸었던 길은 더 이상 내 길이 아니다. 길은 나에게서 나온다. 삶이란 아주 작은 것이라도 나에게서 비롯되는 것이지 다른 곳에서 누가 만들어주는 것이 아니다. 삶의 길은 내가 가야지 누가 대신 가 줄 수 없는 길이다. 예수를 믿고 따른다면 예수가 선 자리에 우리가 서야 한다. 예수가 내 속에 살고 내가 예수의 삶을 살아야 한다. 예수의 살과 피를 먹고 마셔서 예수의 삶을 살자는 것이 유영모 함석헌의 기본신학이다.

오늘살이, 하루를 영원처럼

유영모는 1918년 1월 13일부터 산 날수를 세기 시작했다. 오늘은 태어나서 며칠 째라는 것을 세어가며 하루하루를 살았다. 오늘 하루를 영원처럼 충실하게 사는 '오늘살이'에 들어간 것이다. '나'라는 옥(玉)을 '이제'라는 시간으로 일생동안 닦으며 해를 삼키고 달을 토하며 백년을 늙어 가리라고 다짐하면서 치열하고 정성스럽게 살았다.

유영모는 하루하루를 계산하는 것을 시편에서 배웠다. 시편 어느 대목에 보면 지혜로운 사람은 자신의 날수를 센다는 말이 나온다. 그 성서 구절을 읽고 정말 매일 날 수를 계산하는 이가 누가 있을까. 유영모 밖에 없다. 성서를 정말 진지하게 문자적으로 받아들이고 실천한 사람이 유영모다. 거기다가 일생동안 해(日)를 삼키고 달(月)을 토하며 자신을 닦았다는 말에서 우주의 주인이라는 자각과 체험이 있었음을 알 수 있다. 우주적이면서도 아주 단순하게 살았다.

1939년에 쓴 「저녁찬송」을 보면 하나님과 사귀려면 어둠 속으로 들어가야 한다고 하시며 자신을 다석(多夕, 많은 저녁)이라고 했다. 보통 사람들은 낮이 좋다고 한다. 그러나 유영모는 영성의 세계에 깊이 들어가면 갈수록 저녁의 어둠 속에서 신령한 하나님을 만날 수 있다고 하시며 '저녁과 영성'을 강조했다. 저녁을 아주 좋아하셨고, 저녁의 영성을 깨달은 것이 기독교 신앙에 깊이 들어가는 과정이었다.

김교신, 민중체험으로 노동자들과 같이 살다.

유영모는 1931년경부터 김교신의 성서연구모임에 나가서 강연했다. 김교신 선생은 함석헌 선생과 나이가 같다. 두 분은 일본의 우치무라 간죠로부터 무교회 신앙을 배웠다. 무교회 신앙의 특징은 교회의 모든 의식과 절차와 형식, 성직제도가 필요치 않으며 오직 믿음과 성경이해만 있으면 된다는 것이다. 하나님 신앙의 순수성을 추구한 것이다. 초월적인 하나님을 믿으면서도 매우 이성적이다. 김교신 선생은 이런 신앙으로 투철하게 성경을 공부했다.

김교신은 리더십도 좋고 통이 크며 힘이 센 사람이다. 대쪽같이 곧으면서도 눈물이 많은 사람이었다. 유영모는 이런 김교신을 깊이 사랑했고 아꼈다. 김교신도 유영모를 스승으로 받들고 존경했다. 1942년에 성서조선사건으로 유영모도, 김교신도 감옥에 수감됐다. 김교신은 이때

일년 동안 감옥생활하면서 민중체험을 했을 것이다. 그 때는 감옥생활이 영양실조로 목숨을 부지하기 어렵던 시절이다. 내가 체험한 74년과 81년 감옥생활을 비교해 보더라도 우선 밥과 찬이 다르게 나왔던 것을 기억하면 그 시절 감옥은 참혹했을 것이다.

김교신은 아주 강단이 있는 사람이라서 잘 버텼지만, 그때 얼마나 많은 사람들이 비참한 감옥 생활을 했겠는가. 의협심이 강하고 감수성이 깊은 김교신은 여기서 강한 민중체험을 했을 것이다. 감옥에서 나온 김교신은 흥남질소비료공장에 취직해서 후생복지계장이 되었다. 여기서 민중빈민선교를 했다. 노동자들을 일깨우면서 노동자들을 위해 헌신했다. 이런 분이 발진티브스에 걸린 노동자들을 간호하다가 발진티브스에 걸려서 해방 2개월을 앞두고 세상을 뜨셨다. 김교신의 신앙심과 노동현장에서 공동체정신으로 살았던 사실이 충실하게 기록으로 남았다면 민중선교와 민중신학에 중요한 자료가 되었을 것이다.

유영모는 자기가 산 날수를 세며 살았지만, 김교신이 죽은 날부터는 김교신의 산 날수와 죽은 이후의 날수를 세셨다. 남강 이승훈 선생의 산 날수와 죽은 이후의 날수도 세셨다. 김교신이 죽고 10년째가 되는 날 유영모는 자신도 죽기로 작정하고 1년 후인 1956년 4월 26일을 자신의 사망예정일로 잡았다. 죽을 날짜를 잡고 보니 자신의 산 날수와 남강 이승훈 선생이 사신 날이 똑 같았다.

가온찍기 철학과 천지인 합일체험

'가온찍기'에서 '가온'은 가운데라는 말이다. 가운데를 줄여서 가온이라고 했다. 우주의 가운데는 사람 마음의 가운데다. 또 우주는 공간적이면서 시간적인 우주다. 그러면 시간이 무엇이냐. 시간은 가고 오고, 오고 가고 한다. 그래서 가온은 가고 오는 것의 준말이다.

ㄱ은 하늘에서 기운이 내려오는 것을 말하고, ㄴ은 땅에 든든하게 딛는 것을 말한다. 하늘의 기운이 내려오고 땅의 기운이 만나는 우주의 한 가운데를 찍는 것이 가온찍기 'ㄱ̇ㄴ'이다. 또한 가고 가고 오고 오는 시간의 한 복판을 찍는 것이 가온찍기다. 우주의 무한한 시간과 공간 속에서 내 마음을 하나의 점으로 만들어서 가온찍기를 하면 내가 없어진다. 그러면 새로운 내가 된다. 하나님의 생명으로 들어간다. 참 생명으로 들어가는 것이다. 거짓된 나를 한 점으로 찍어서 없애버리고, 참 생명으로 들어가는 것이 가온찍기의 철학이다.

유영모는 1943년 설날에 북한산 삼각산에 올라갔다가 정수리부터 발끝까지 하나로 통하는 천지인 합일체험을 했다. 천지인 합일체험을 위한 특별한 원리나 과정이 따로 있지 않다. 물론 유영모의 천지인 명상법이나 함석헌의 씨알명상법이 자료로 정리되고 있지만, 오직 한 가지 몸과 마음을 꼿꼿이 하고 바르게 하면 숨이 편하게 쉬어지고 깊어진다. 그러면 몸이 튼튼해진다. 그리고 천지인 합일에 들어간다. 숨이라는 것이 하늘과 땅을 잇고 통하게 하니까 합일이 이루어지는 것이다. 몸과 마음을 아주 꼿꼿하게 하는 좌법으로 숨을 깊이 쉬면 몸과 마음이 하나로 통해져서 천지인 합일이 이루어진다.

유영모는 천지인 합일체험을 하고 나서 시를 지었다. 제목은 "우러러 하늘 트고 잠겨서 땅 뚫었네."이다. 내용은 "몸 펴고 우러러 끝까지 트니 하늘 으뜸 김! 맘 가라앉혀 잠기고 땅 굴대 힘 가운데 디뎠네."이다. 몸 펴고 하늘 숨을 쉬어서 우러러 끝까지 트니 뚫어서 하늘의 원기와 통하게 된다는 것이다. 몸하고 하늘의 기운을 연결시킨다. 지구가 돌아가는 굴대가 있는데 굴대의 힘의 가운데 축을 맘으로 디뎠다. 맘을 가라앉히고, 가라앉혀서 지구의 한 가운데에 이르렀다는 것이다. 다시 말해서 마음으로는 땅의 중심과 통하고 몸으로는 하늘의 기운과 통하여 천지인 합일을 이루었다.

대종교의 삼일철학, 민족을 주체로 세우다.

유영모는 천지인 합일체험을 하고 13년 정도 글을 안 썼다. 이 기간에 유영모는 「천부경(天符經)」, 「삼일신고(三一神誥)」, 「삼일철학(三一哲學)」을 공부한 것으로 추측된다. 그러다가 「제소리」를 발표했다. 이 글은 대단히 난해한 글이다. 전에는 기독교적인 언어와 신앙이 중심이었다면 이 글에서는 한국적이면서도 우주적인 그러면서 동서를 아우르는 한국적이고 동양적인 영성으로 보편적인 영성이 묻어났다. 그동안 대종교의 천부경 등 경전들을 공부하고 훈민정음 한글철학을 연구한 영향으로 보인다.

대종교를 창시한 '나철'은 관료였고 유학자였다. 그러면서 아주 정치적인 역량이 있는 사람이다. 몇 년 사이에 신도가 20만이나 생겨난 것을 보면 얼마나 설득력이 있었겠는가. 당대의 최고 지식인인 신채호, 정인보 선생이 합류하고, 만주에서 전개된 대부분의 독립운동은 대종교가 배경이었다. 청산리 전투의 김좌진도 대종교의 '서일'이라는 사람의 지휘를 받는 장군이었다. 대종교는 민족정신을 일깨우고, 민족을 주체로 세우는, 나라를 바로 세우는 그런 일에 목숨을 건 사람들의 종교였다.

유영모는 천부경을 풀이했다. 삼일신고를 공부하고 받아들였다. 순수 우리말을 쓰신 것도 상당부분 대종교를 받아들인 흔적이다. 물론 대종교의 수행법은 소극적이다. 지감(止感-감각의 금지), 조식(調息-숨을 조절함), 금촉(禁觸-닿는 것을 금함)의 수련법은 부정적이고 소극적이다. 그러나 유영모는 훨씬 현대적이면서 적극적이다. 유영모의 수련법은 '몸성히,' '맘 놓여,' '뜻(바탈) 태워'로 나아간다. 몸에서부터 시작하고 생각을 중심에 놓고 자신을 불태워 앞으로 나가는 적극성이 있다.

그렇지만 대종교의 천부경과 삼일신고 사상에서 보면 좋은 이미지가 많다. 회삼귀일(會三歸一 - 셋이 만나서 하나로 돌아간다), 집일함삼(執一含三 - 하나를 잡아서 셋을 포함한다) 같은 삼일철학의 기본논리는 대단히 역동적이다. 셋은 만물을 뜻하는데 셋이 만나서 하나로 돌아간다는 것이다. 서로 역동적으로 결합되어 있는 사상이 바로 한국사상의 기본사상이다. 우리는 서로를 하나로 아우르면서 하나로 통할 수 있다. 음악의 삼박자에도 자연스러운 여유가 있는 것처럼 말이다.

하늘과 땅 사이에 나밖에 없다.

유영모는 삼일신고의 핵심인 '성통공완(性通功完)'사상을 중요하게 받아들였다. 성(性)은 본성이요, 통(通)은 통하는 것이고, 공(功)은 자기가 맡은 일이요, 완(完)은 맡은 일을 마치는 것이다. 본성을 트고 뚫는 것이다. 몸을 펴고 마음을 파서 계속 튼다는 것이고 터서 통한다는 말이다. 유영모는 중용(中庸)을 '줄곧 뚫림'으로 풀이했다. 그래서 유영모는 유교나 불교나 한번 회개로 그치는 것이 아니라 계속 트고 뚫어서 자기 사명을 이룰 수 있어야 한다고 했다. 이것을 우리말로 "바탈(本性)을 트고 맡음을 마침"이라 했다.

천지인 합일사상은 생명진화와 직결된다. 고대인들이 포유류처럼 네 발로 기다가 직립해서 우주를 보았을 때 얼마나 장엄했겠는가. 하늘을 보면서, 땅을 보면서 하늘과 땅 사이에 나밖에 없는 것을 보니 저절로 천지인 합일을 체감하고 느끼게 되었다. 원시종교의 무당도 하늘과 땅 사이에서 춤추는 존재였다. 무(巫)라는 글자가 하늘과 땅 사이에서 춤추는 인간을 나타낸다. 무당도 천지인 합일을 나타낸다. 하늘과 땅의 기운을 받고 춤을 추는 것이 바로 천지인 합일이다. "내가 하늘과 하나다.", "내 속에 하늘이 있다."하는 것을 체험한 것이다. 그런데 그만 농경생활이 되면서 하늘보다 땅이 중요하게 되었고 하늘 보는 것보다 땅보는 일이 많아지니까 천지인의 균형이 점차 깨져버린 것이다. 또한 국가가 생겨나면서 사람 위에 사람이 있게 되어서 사람이 직접 하늘을 상대하지 못하게 된 것이다.

자기를 불태워서 남을 살리는 고결한 인류가 나와야 한다.

유명한 신학자이며 영성가인 인도의 신학자 파니카는 가톨릭 신부였다가 힌두교 학자가 되었고, 나중에는 불교신자가 되어 여러 책을 썼다. 아무 걸림이 없는 사람은 이렇게 저렇게 할 수 있다. 그러나 종교적인 자유는 현실의 요청에 제약될 수 있어야 한다. 파니카는 인도의 최상위 카스트인 브라만에 속한 사람인데 불가촉천민에 대해서는 관심을 보이지 않았다. 그래서 불가촉천민 신학자들이 파니카를 싫어했다. 자기 종교의 울타리에서 벗어나는 것도 중요하지만 자기 종교의 진리를 실천하는 것은 더욱 중요하다.

유영모는 결혼에 대해서도, 가정에 대해서도 자유롭도록 애쓰셨다. 자신의 딸 결혼에 직접 주례를 섰다. 다석 강의 마지막 장에서는 젊은 부부는 "알몸만 아니라 얼맘을 스스로 드러내서 늘 새롭게 만나라"했다. 유영모나 톨스토이나 석가나 다 깨달음의 극적인 상황에서 자유롭게 천지인 합일을 이룬 분들이다.

예수를 비난하던 못된 무리들이 날이 저물매 다 각각 집으로 돌아가고 예수는 감람산으로 가셨다 하는 요한복음 얘기를 유영모는 감동적으로 받아들였다. 유영모는 머리 둘 곳이 없는 예수가 '저문 날에 혼자 산으로 가셨다함이 두렵고도 그립습니다.'했다. 그러면서 '아, 한울 향한 산이여, 기도할 곳이여!'하고 탄식했다. 산이 왜 중요한가. 산은 하늘을 향해 우뚝 일어서 있다. 하늘과 하나 될 수 있는 자리, 기도할 자리다.

유영모의 「제소리」는 천지인 합일을 한 다음에 한글철학, 동양철학, 기독교철학을 다 섞어서 통합한 것이다. 핵심요지는 이렇다. 만물이 불타고 있다. 해도 불타고 있고, 별들도 불타고 있다. 꽃도 나무도 동물도 생각도 사랑도 피도 불타고 있다. 지금 제 몸을 불살라서 하나님께 번제를 드리고 있다. 우주가 자기 몸을 불살라서 번제를 드리고 있다. 예수만 희생 제사를 드리는 것이 아니라 온 만물이 자기를 불태워서 희생 제사를 지내서 만물을 살리고 있는 것이다.

일본의 오가와 하루이사 교수가 이 대목에서 큰 감동을 받았다. 자신을 불태우는 고결하고 겸허한 삶을 본 것이다. 유영모에 따르면 예수뿐만 아니라 바위덩어리도 꽃도 하늘의 별도 지금 다 불타오르고 있다. 자기를 불살라서 제사를 지낸다. 이런 제사가 왜 지금 필요하냐? 사람들이 지금 타락해서 저밖에 모르고 남 잡아먹을 생각밖에 없고 남을 이용하고 희생시키려고만 한다. 이렇게 되면 우리는 다 죽고 망한다. 인간뿐 아니라 자연생태계도 파괴된다. 생태계파괴에서 지구를 구하고 인류를 구하려면 자기를 불태워서 세상을 환하게 하고, 자기를 불태워서 남을 살리는 이런 고결한 인류가 나와야 한다.

유영모는 고상한 정신, 고상한 삶을 이야기 했다. 고상한 삶은 자기를 불태워서, 알뜰하고 검소하게 사는 삶이다. 알뜰하게 살아서 남을 살리는 것, 이것만이 자기를 살리고 인류 생태계를 구하는 길이다. 이것이 「제소리」의 요점이다.

제3강

삶과 죽음의 가운데 길로 가다

숨이 편안한 사람은 마음도 편안하다.

다석 유영모 선생이 1939년 성서조선에 기고한 「저녁 찬송」중 '식관(息觀)'을 풀이하면 다음과 같다. 우선 전문을 보면

식관 息觀

본래안식(本來安息) 무비무심(无鼻无心) 금식파식(今息巨息) 생멸자심(生滅自心)

구경소식(究竟消息) 이비즉심(離鼻卽心) 일종석숙(日終夕宿) 명종석휴(命終夕休)

세종석신(世終夕信) 수자지의(誰子遲疑) 다석요식(多夕要息) 영석불식(永夕不息

식(息)은 숨과 쉼을 함께 나타낸다. 참 묘한 말이다. 우리말로도 '쉰다', '숨 쉰다'고 말하는데 쉼과 숨을 같이 쓴다. 식관(息觀)이니까 숨과 쉼에 대하여 본다는 뜻이다. 본래안식(本來安息)은 본래 편안한 숨, 편안한 쉼을 뜻한다. 본래 숨을 깊이 쉬면 몸과 마음이 쉼을 얻어 편안하다. 몸과 마음이 편안히 쉬면, 숨도 편안해진다.

식(息)자는 스스로 자(自)하고 마음 심(心)자로 되어있다. 自는 鼻(코)에서 나온 글자라고 한다. 코로 숨을 쉬고 마음으로 안식을 취한다. 마음은 안식을 찾고 코는 숨 쉰다. 무비무심(无鼻无心), 본래의 편안한 숨은 무비(无鼻) 코 없이 쉬는 숨이고 본래 편안한 쉼은 무심(无心) 마음 없는 쉼이다. 코로 숨 쉬고 마음으로 쉬는 것이 숨쉼(息)인데 숨을 편안히쉬면(息) '제 마음'(自心)에 이른다. 제 마음에 이르러 쉬는 본래의 숨은 코도 없고 마음도 없이 쉬는 숨이다. 본래 안식, 본래 편안한 숨은 코 없이 쉬는 것이고 본래 편안한 쉼은 마음 없이 쉬는 쉼이다. 코와 마음이 없을 때, 코를 잊고 숨 쉬고, 마음을 잊고 쉴 때, 본래의 안식이 있다.

금식파식(今息叵息), 지금 쉬는 숨이 어렵다. 파(叵)자는 어렵다는 의미다. 또는 불가능 하다는 의미다. 지금 숨 쉬는 게 아주 쉽다고 생각하지만 숨을 깊고 편안하게 쉬기가 어렵다. 마음에 근심과 걱정이 있으면 숨이 편안하지 않다. 마음에 욕심과 집착, 못된 생각과 잡념이 있으면 숨이 잘 쉬어지지 않는다. 유영모는 목으로 쉬는 목숨, 생각으로 쉬는 말숨, 하늘의 얼로 쉬는 우숨(얼숨)이 있다고 하였다. 목숨이 깊어져서, 편안해 져서 말 숨이 되고, 얼 숨이 되어, 숨이 올라가야 한다. 얼 숨을 쉬면 숨이 깊고 편하다. 그렇지 않으면 편안하게 깊이 숨을 쉬는 것은 어려운 일이다.

생멸자심(生滅自心), 살거나 죽거나 스스로의 마음이 있을 뿐이다. 살든지 죽든지 자심(自心) 즉 스스로의 마음이 있을 뿐이다. 낳거나 죽거나, 살거나 멸하거나 있는 것은 제 마음뿐이다. 자심(自心)은 숨을 쉬는 것(息)이다. 살거나 죽거나 제 마음에 이르러 숨을 쉴 뿐이다. 삶에 대한 집착, 죽음에 대한 두려움에 빠지면 마음이 무겁고 혼란스럽다. 삶에도 죽음에도 매이지 않고 제 마음에 이르면 맘이 놓인다. 마음이 놓이면 숨이 잘 쉬어진다.

구경소식(究竟消息), 궁극적인 경지를 알리는 소식이다. 소식이라는 것은 뉴스다. 그 사람의 안부, 그 사람의 생활동정(生活動靜)이 소식이다. 생활동정의 핵심은 숨에 있다. 숨이 편안하면 그 사람의 생활동정이 편안해진다. 숨이 편안한 사람은 마음도 편안하다. 마음이 편안하지 않는 사람은 숨이 편안할 수가 없다. 몸이 불편한 사람도 숨이 편안할 수가 없다. 소식은 뉴스라는 말도 되지만 숨이라는 뜻도 된다. 소식이 바로 숨이고 숨이 바로 소식이다. 식(息)자가 숨을 들이 마시는 거라면 소

(消)는 없어짐, 숨을 내쉼을 나타낸다. 숨소리를 들으면 그 사람의 소식, 안부를 알 수 있고 몸과 마음을 알 수 있다.

이비즉심(離鼻卽心), 코를 떠나 바로 마음에 이른다. 숨은 코로 쉬는 숨에 머물러 있으면 안 되고 코를 떠나서 마음으로 숨을 쉬어야 한다. 마음이 숨과 쉼의 근원이다. 편안한 마음으로 안식을 취하고 있을 때 제대로 된 숨이 나온다. 숨을 깊고 편히 쉬면 코를 떠나서 마음으로 들어가게 된다. 편안하게 코로 숨을 쉴 때는 코가 있는지 없는지도 모른다. 그러나 숨이 거칠어지고 괴로워질 때는 코로 들어가고 나오는 것을 느끼게 된다. 그러니 편안하게 숨을 쉬려면 코를 떠나야 한다. 바로 마음으로 들어가야 하고 마음으로 쉬어야 한다.

일종석숙(日終夕宿), 하루가 끝나고 저녁에 잔다. 일종(日終)은 하루의 날이 끝나는 것이고 석숙(夕宿)은 저녁에 머문다(잔다)는 뜻이다. 하루가 끝나고 저녁에 잠잔다.

명종석휴(命終夕休), 사명이 끝나면 저녁에 쉰다. 명(命)은 사명이나 과제다. 하루의 과제나 사명 즉 일이 끝나면 저녁에는 쉰다.

세종석신(世終夕信), 세상의 일이 끝나면 저녁에는 믿음에 들어간다. 세상살이와 사람들의 모든 사업이나 관계가 끝나면 저녁에는 믿음에 들어간다는 뜻이다. 저녁은 믿음의 시간이다. 낮은 과제나 사업을 이루는 시간이고, 저녁은 믿음의 시간이다.

수자지의(誰子遲疑), 어느 자식이 머뭇거리고 의심할까? 어느 누가 머뭇거리고 의심하겠는가.

다석요식(多夕要息), 많은 저녁에 숨이 필요하다. 다석(多夕), 유영모의 호가 여기서 처음 나온다. 저녁이 많다는 뜻이다. 많은 저녁에, 오랜 세월 저녁마다 숨 쉬고 편히 쉬어야 한다. 또 많은 저녁은 깊은 저녁을 뜻한다. 깊은 저녁에는 요식(要息) 즉 숨을 쉬는 것이 필요하다는 말이다. 숨과 쉼이 같다. 마음이 편안할 때 숨이 잘 쉬어지고 숨을 잘 쉬어야 안식을 취한다. 숨이 편안하지 않으면 안식을 취할 수 없다. 안식의 조건이 숨을 쉬는 것이다. 저녁마다 깊은 숨을 쉬고 편히 쉬어야 한다.

영석불식(永夕不息), 영원한 저녁에는 숨을 쉬지 않는다. 다석(多夕) 다음에 영석(永夕), 영원한 저녁이 있다. 시간적인 저녁이 아니라 영원한 저녁이다. 영원한 저녁은 영원하고 신령한 어둠의 세계이다. 영원한 저녁에는 불식(不息) 즉 숨을 쉬지 않는다. 숨을 넘어서는 것이다. 숨을 쉬지 않는 것이 진정한 영원한 안식과 생명이다. 숨을 졸업하고, 영원한 생명으로 들어가는 것이다. 이것은 죽는 것도 되고 초월하는 것도 된다. 육체적인 죽음이라는 것은 숨이 멎는 것이다. 그러니 죽음을 넘어서 영원한 생명으로 초월하는 것이다. 죽음과 초월이 겹쳐 있다.

삶과 죽음을 깊이 탐구하다.

유영모는 삶을 죽음에 비추어서 보았다. 인생은 없다가 있고, 있다가 없는 것이다. 유영모는 삶 속에서 죽음을 깊이 탐구했다. 유영모가 왜 이렇게 죽음에 대하여 깊이 생각하게 되었을까. 유영모는 형제가 13명이 있었다. 그 중에서 둘만 남고 다 죽었다. 제일 충격적인 죽음이 두 살 아래 영묵이라는 동생의 죽음이었다.

15살부터 신앙에 들어가 영묵과 함께 교회를 열심히 다녔는데, 유영모가 21살 때 19살의 영묵이 죽었다. 영묵의 죽음은 기독교 교리로 설명이 되지 않았다. 유영모 자신도 체구가 왜소하고 약하게 태어나서 어렸을 때는 곧 죽는다, 몇 달을 못 산다, 30을 못 넘긴다 했다. 유영모는 몸과 마음을 닦아서 강인한 몸이 되었지만 본래는 오래 못산다고 했다. 그런데다 형제들이 다 죽고 신앙이 깊었던 동생마저 죽으니까 전통적인 기독교 교리로는 답을 찾지 못했다.

죽음에 대하여 고민이 깊어졌다. 깊이 탐구하다보니 노자, 장자, 불경을 공부하게 되고 신앙과 철학의 질문이 깊어갔다. 기독교란 무엇이냐, 예수라는 존재가 뭐냐, 예수가 나를 구원했다고 하는데 그것이 무엇이냐, 영원한 생명이 무엇이며 부활이 무엇이냐를 진지하게 탐구했다. 유영모 자신의 삶을 통해서 죽음의 문제를 진실하고 철저하게 물어본 것이다. 그래서 나온 답이 유영모의 철학이다. 죽음의 문제를, 삶의 문제를 즉 죽음을 넘어서 산다는 것이 무엇이냐를 탐구한 것이다.

죽음의 문제를 극복하지 못하면 삶의 문제를 풀 수 없다. 프로이드에 따르면 사회적 갈등의 뿌리는 죽음에 대한 두려움이다. 죽음에 대한 두려움에서 사람들은 서로 공격하고, 폭력을 휘두르고, 미워하고 분노한다. 따라서 정치사회적, 정책적 노력만으로는 사회의 갈등과 문제가 풀릴 수 없다. 죽음의 두려움에서 벗어날 수 있는 생명철학이 확립되고 생사를 넘어서는 정신적 성숙에 이르러야 한다.

죽기 전에 죽으면 죽어도 죽지 않는다.

유영모는 죽음으로 사는 진리를 살았다. 동양종교나 그리스사상은 기본적으로 자아를 잘 발전시키고 교육시키고 단련시켜서 자신을 완성하자는 것이다. 고대 종교사상이나 그리스사상은 육체는 죽어도 영혼은 죽지 않는다는 영혼불멸을 말하고 있다. 불교나 힌두교의 윤회사상은 사람이 죽어도 영혼은 다른 사람이나 생물의 몸으로 다시 태어난다는 것이다. 영혼불멸이나 윤회사상은 영혼은 죽지 않는다는 생각을 전제한다. 이것은 기독교에서 말하는 죽음으로써 산다는 가르침과는 다르다. 기독교에서는 예수가 십자가에서 정말 죽고 다시 살아났다고 한다. 그리고 밀알 하나가 죽어야 많은 열매를 맺는다고 한다.

유영모는 죽음으로써 사는 진리를 진지하게 생각했다. 죽음으로써 산다는 것은 내가 나 자신을 죽임으로써, 나 자신을 부정하고 스스로 죽임으로써, 새롭게 사는 것이다. 믿음 없이 살다가 죽으면 영 죽는 것이며, 사사로운 개인의 삶에 집착해서 거기에만 빠져있으면 죽음과 더불어 영원히 죽은 것이다. 새로 살아나는 길이 없다. 사적인 삶을 살다가 믿음 없이 죽으면 영 죽지만, 공도(公道)대로 믿음으로 죽으면 반드시 산다. 진리, 정의, 사랑을 위해서 나를 죽음으로 내 던지면 반드시 산다.

사랑, 정의를 나타내는 전체생명, 절대 하나가 하나님이다. 하나님을 위해서 사사로운 개인의 삶을 죽이고, 뛰어넘으면 죽어도 산다. 예수와 함께 내가 십자가에 달려서 죽고 예수와 함께 다시 사는 것이다. 세례나 성찬의 의미도 육체나 혈육의 삶으로는 내가 죽고 절대하나(전체생명)의 자리에서 사는 것이다. 예수는 죽기 전에 제자들에게 "내 살과 피를 먹고 마시라."고 했다. 예수의 살과 피는 현실적으로 지금 없다. 살과 피를 먹으려면 나의 살과 피를 먹고 마시는 수밖에 없다. 내 살과 내 피를 먹고 마신다는 것은 무엇을 뜻하는가? 정신을 살리기 위해서 육신을 밥으로 삼는 것이다. 사랑과 정의를 위해서 육체의 욕심을 죽이는 것이다. 전체를 위해서, 가난한 민중을 위해서, 육체적인 욕망과 집착을 극복하면 영원한 삶으로 들어간다.

죽기 전에 죽으면 죽어도 죽지 않는다. '나'를 죽여서 자유로워지면 그 사람은 죽어도 죽지 않는다. 예수는 물론 죽기 전에 죽은 이다. 함석헌에 따르면 예수는 죽은 다음에 부활한 것이 아니라 부활해서 십자가에 달려 죽었다. 삶 속에서 죽어서 새 생명을 얻은 다음에 십자가에 달린 것이다. 전태일이 분신을 하고 죽어가면서 어머니에게 했던 말을 들어보면 전태일도 죽기 전에 죽은 이였음을 알 수 있다. "내가 죽으면 아무것도 보이지 않는 이 캄캄한 세상에 빛이 스며들 조그만 구멍 하나가 생길 거예요. 노동자와 학생들이 힘을 합쳐 그 구멍을 넓힐 수 있도록 해줘요."그는 자기 죽음의 의미를 분명히 알고 스스로 죽어가지고 몸에 불을 질렀다. 정일우 신부도 제정구 선생도 죽기 전에 이미 죽은 사람들이다. 그러니까 지금도 살아서 사람들을 움직이고 사람들로 하여금 생각하게 한다.

사람 안에서 우주만물이 해방된다.

이름 없이 죽은 수많은 할머니 할아버지들 가운데도 죽기 전에 죽은 이들이 많다. 자기고통을 견디면서 남을 사랑하고 남을 의롭게 대하고 축복하며 격려하고 죽은 이런 많은 씨알들은 죽어도 죽지 않고 영원히 살아 있다. 이런 사람들이 우리를 떠받쳐주고 있다. 우리가 힘이 없지만 역사 속의 인물들인 유영모, 함석헌, 안병무, 문익환, 전태일, 제정구 등 수 많은 좋은 사람들이 있으니까 우리가 시시한 생각을 하다가도 이들을 생각하면서 힘을 얻고 뭔가를 하게 된다. 이렇게 해서 이들은 우리의 부족을 보태주고 약한 우리를 받쳐주고 있다.

유영모는 마지막에 숨이 넘어가는 죽음보다는 일상생활에서 끊임없이 자기를 죽이는 것을 말했다. 그렇게 함으로써 하나님 안에서 살 수 있다는 것이다. 자기를 극복하고 자기를 죽임으로써 순간순간 영원한 생명의 밀알을 일상의 삶 속에 심으면 영원한 생명의 싹이 튼다. 억울한 일을 당했을 때도 억울한 일을 견뎌내고 자기의 불안한 마음을 누르고 이겨내면 영원한 생명의 밀알을 심는 것이다. 그 영원한 생명의 밀알은 나를 위한 생명뿐 아니라 모든 인류와 만물을 위한 영원한 생명이다. 그런 영원한 생명의 밀알을 많이 심을수록 삼라만상과 모든 짐승들도 행복한 길로 가는 길이 열린다.

로마서 8장 18~22절에서 썩어짐과 허무의 종살이에서 벗어나기 위해서 우주만물이 탄식하면서 하나님의 자녀들이 나타나기를 고대한다고 바울은 말했다. 참으로 깊은 진리다. 사람 안에서 우주만물이 허무함과 썩어짐의 종노릇에서 해방된다는 것이다. 우주만물은 생성소멸의 과정 속에 있다. 모든 물질은 결국 소멸하고 만다. 사람이 망가져버리면 우주만물은 허무에서 벗어나지 못한다. 우주가 어떻게 생겼는가? 물질과학의 연구자들이 물질과 빛을 아무리 연구해도 우주의 신비와 목적을 알 수없다. 그러나 생명을 연구하고, 인간정신을 연구하고, 성경을 연구하면 우주의 존재이유와 신비를 헤아릴 수 있다. 사람 속에 우주의 비밀과 목적이 들어있다. 사람이 하나님의 사람, 하나님의 아들 딸이 되면 우주 만물이, 우주 자체의 목적이 사람 안에서 실현된다. 사람이 하나님의 자녀가 되어 하나님 안에서 살면 사람 안에서 참되고 영원한 삶의 길이 열린다. 그러면 우주가 허망하게 소멸하는 운명에서 벗어날 수 있다.

희생하고 버리는 것이 이롭다.

유영모는 성경의 문자에 충실했다. 한국 기독교의 보수근본주의자들은 말로는 성경문자주의를 주장하지만 유영모처럼 성경의 말씀을 그대로 실행하지 않는다. 성경이 몸으로 산제사를 드리라고 하니까 유영모는 정말 몸으로 산제사를 드렸다. 숨 쉬는 것 자체를 제사로 보고 허파가 지금 제사를 지낸다고 했다. 우리 몸의 피돌기 자체를 제사로 보고 염통이 제사를 지낸다고 했다. 허파와 염통이 제사를 지낸다. 성경을 문자적으로 읽으니까 이런 결론이 나온다.

허파는 제단이고 심장은 제사장이다. 염통이 하는 일은 우리 몸의 60조 세포에 깨끗한 피를 돌려 드리는 일이다. 제사는 하나님께 드리는 것(offering)이다. 염통은 피를 돌려 '드리는 이'다. 염통이 폽폽(PoPop) 소리를 내는데, Pope는 교황이다. 그래서 유영모는 염통을 교황, 제사장, '드림 맡은 이'라고 불렀다. 우리가 정말 몸으로 제사를 드린다. 또 유영모는 생각은 몸에서 나온다고 했다. 콩팥의 알짬샘물에서 정력이 나오는데 그 샘물에서 정(精)이 피어오른다고 했다. 정력의 구름이 피어오르면 얼을 기름지게 하고 그렇게 되면 거기서부터 거룩한 생각의 구름이 피어오른다고 했다.

도교에서는 정기신(精氣神)이라고 한다. 정력을 단련하면 기가 되고, 기를 순화시키면 신이 된다. 그러니 정기신은 하나다. 유영모의 표현으로 하면 알짬샘물의 정력이 피어오르면 얼에 씌어져서 거룩한 기운이 되고, 거기서 생각이 나온다. 생각이 바로 제사다. 우리가 밥을 먹고, 고기를 먹고 소화 흡수 배설시키면 정력에서 생각구름이 피어오른다. 이것이 하나님께 드리는 제사다. 유영모는 목숨, 생각, 말씀을 다 불사르는 것으로 봤다. 우리 몸이, 마음이, 얼이 불타고 있다. 생각도 불타고 있다. 사람 속에서 사랑으로 불타는 것이 생각이다.

희생하고 버리는 것이 생명에는 이롭다. 뱃속에 밥을 가득 채우면 배탈이 난다. 서로 짓밟고 뺏고 움켜쥐고 자기 창고에 가득 쌓기만 하면 공동체는 망한다. 스스로 희생하고 버릴 줄 알아야 사회가 산다. 제사는 하늘(하나님, 전체)을 위한 희생이고 버림이다. 그래서 제사는 이롭다. 제사로 소중한 곡식과 먹이가 되는 짐승을 불태워 없애는 것은 사실 손해 보는 것이다. 속된 이해관계에서 보면 제사 지내는 것처럼 어리석고 손해나는 일이 없다. 유영모는 아무 곳에도 쓸데없는 것이 참으로 크게 쓸데 있는 것으로 봤다. 쓸데 있는 것만 찾아서 실용주의로 가면 막히고

썩고 망하고 만다. 물질과 몸을 희생하고 버릴 줄 알아야 정신과 얼이 산다. 제사는 쓸데없는 것인데 인간의 생명과 윤리를 위해서 쓸데 있는 것이다.

죽음은 야무진 마무리

유영모는 죽음은 영원한 생명의 날개를 펴는 것이며, 생명의 꽃이라고 했다. 죽음은 생명이 끝나는 것이 아니라 죽음을 야무지게 끝내는 것, 죽음을 죽는 것이다. 죽음은 삶의 끝인데 삶을 야무지게 끝맺으면 바로 끝나는 끝에서 꽃이 피어난다. 생명의 꽃, 영원한 생명의 꽃이 피어난다.

유영모와 가까웠던 동광원의 이현필은 고행을 많이 했다. 죽을 때 그는 "어매 기쁜 것, 아이고 기뻐, 기뻐죽겠네"라고 소리쳤다. 맨발의 성자라고 했던 그는 산 속에 들어가서 추운데도 금식하며 기도했다. 아프고 병들면 오히려 몹시 기뻐했다. 고통이야말로 예수님의 제자가 되는 길이고, 고통을 통해서 비로소 예수님하고 가깝게 되는 것으로 여겼다. 이현필의 스승 이세종도 성경만 보고 진리에 들어간 분이다. 이 분들은 금욕적이면서도 생명에 대하여 놀라운 긍정과 사랑을 가졌다. 깨달음의 깊이를 보면 성프란치스코 못지않다. 이세종은 모기와 파리, 이와 빈

대도 죽이지 않고, "천지만물이 내 몸이고 내 지체"라고 하고 전체를 한 생명으로 사셨다.

죽음은 삶에 삼켜지는 것이고, 정신이 육체를 이기는 것이다. 지금 여기서 죽음을 이긴 성숙한 승리자가 되어야 한다. 마치 적의 목을 자른 기사처럼 자기의 죽음을 보고 미소를 지을 수 있는 성숙한 정신이 되어야 한다. 유영모는 만년에 죽는 날을 기다리기를 나이찬 처녀가 시집가는 날을 기다리는 것과 같이 호기심과 설렘과 벅찬 마음으로 기다렸다.

유영모는 죽은 뒤 하나님 나라의 대신정(大神正) 즉 큰 새해를 맞으려 했다. 그러니 죽음은 야무진 마무리다. 끝을 야무지게 마무리 지으면 새로운 꽃이 피는 것이고, 죽음을 통해서 영원한 생명으로 날개를 펴는 것이라는 강한 신념을 가졌다. 죽음을 뛰어 넘어서 산다는 것은 빈탕한데(하늘, 허공)서 놀이를 하는 것이다. 죽음을 뛰어 넘으니까, 생사를 뛰어 넘으니까 육체의 모든 시공간적인 것을 뛰어 넘어서, 탐욕과 집착, 절망과 좌절, 불안과 두려움 아무 것에도 매이지 않고 자유롭게 놀며 살 수있다.

빈탕한데의 주인은 하나님 말씀이다. 빈탕한데는 큰 하나 됨과 자유와 평등이 이루어질 수 있는 정신적 토대이다. 빈탕한데는 전체생명의 임, 즉 전체생명의 주인이신 하나님이 계시는 곳이다. 빈탕한데의 주인이신 하나님은 말씀으로 우리에게 나타난다. 하나님의 말씀은 천명이며 로고스이고, 말씀의 내용은 사랑과 정의이다. '사랑과 정의의 빈탕한데'다. 생사를 뛰어넘어 빈탕한데에 이르는 사람만이 사랑과 정의를 실현할 수 있다. 죽기 전에 죽는 사람만이 죽어도 죽지 않는 사랑과 정의, 생명을 실현할 수 있다. 제정구가 말한 '가짐 없는 큰 자유'를 누릴 수 있다.

고결한 뜻, 공동체로 살려면 마음이 통해야 한다.

가정생활을 하면서 고결한 뜻을 이루려면 어려움이 많다. 지금처럼 물질중심의 생활에서는 더더욱 그렇다. 돈이 없으면 굴러가지 않는 세상에서 부부간에도 뜻을 살려나가는 것이 보통문제가 아니다. 그러나 가난 속에서 자유를 누리며 사는 이들도 있다. 강원도 화천의 어느 부부는 두메산골에서 벌을 치며 사는데 5만원을 가지고 한 달을 산다고 한다. 그러면서 동네사람들과 어울려 대안적인 삶을 살고 있다.

가정에서 고결한 뜻을 품고 공동체로 살려면 많은 부분에서 조정과 합의가 필요하다. 일상생활에서 가치관에 이르기까지 서로 통할 수 있어야 한다. 부부가 기도를 하든지, 토론을 하든지 진실로 손을 잡고 마음이 통할 때까지 기다리면서 합의에 이르러야 한다. 높은 기준을 정해놓고, 거기에 맞추는 공동체 생활은 성공할 수 없다. 함께 사는 일은 낮은 단계부터 서로 다른 부분을 인정하면서 시작해야 한다.

서로 통해야 하지만 서로 다름을 인정할 수 있어야 한다. 서로 다르면서 하나로 사는 것이 공동체의 묘미이고 생명진화의 비밀이다. 결정적으로 생명진화를 가능하게 했던 생명진화의 동인과 계기를 살펴보자. 생명체가 맨 처음 생겨난 후 수 십 억년 동안 산소를 싫어하는 혐기성 세포들이 번식을 하며 생존해 갔다. 그러다가 산소를 좋아하는 호기성 세포들이 생겨나서 혐기성 세포들을 잡아먹기 시작했다. 위기에 빠진 혐기성 세포들은 역동적인 호기성 세포들을 끌어안아 자신들의 몸속에 받아들였다. 적과의 공생이 이루어진 것이다. 혐기성 세포들의 몸속에 들어온 역동적인 호기성 세포들은 전체 세포를 위해서 활발하게 생명활동을 시작하였다. 새로 결합된 세포 안에서 호기성 세포는 미토콘드리아가 되어 눈부신 생명진화와 발전을 이룩했다. 그렇지만 미토콘드리아는 지금도 10억년이 넘도록 세포 안에서 완전히 딴 살림을 차리고 산다. 공동체도 마찬가지다. 딴 살림 차리는 것을 허용해야 한다. 서로 다른 삶의 양식을 인정하고 받아들여야 한다.

씨알은 밑에서부터 자발적으로 일어난다.

생활공동체는 충분히 이야기하고 이해한 바탕에서 낮은 단계에서 부터 조금씩 진행시켜서 이루어나가야 한다. 그런 점에서 이세종, 이현필은 너무 금욕적이고, 여성의 입장을 고려하지 않은 느낌이다. 제정구도 한때 하루에 한 끼 식사를 했다. 가족은 식사를 통해서 정체성을 확인하는 것인데 식구 모두가 식사를 할 수 없으니까 힘들었던 것이 기억난다. 나중에는 간디 사상에 심취해서 간디처럼 살면 어떨까 했는데 사실은 가족입장에서는 엄청난 충격이 될 수 있는 문제다.

공동체 이야기나 씨올 이야기를 하면 간디를 얘기하게 된다. 간디는 위대하지만 카리스마가 너무 강해서 씨올이 자발적으로 중심이 되도록 하지는 못했다. 그런 점에서 아래로부터의 자발적 운동을 강조하는 씨올정신하고는 다른 것 같다. 금욕의 문제도 마찬가지고 공동체 생활은 서로가 충분히 납득이 되어야 한다. 유영모 선생의 금욕생활은 부인이 충분히 납득해서 문제가 되지 않았다.

씨올은 밑에서부터 자발적으로 일어나서 부족하면 부족한 대로 꿈틀거리며 운동을 일으킨다. 자발적인 씨올의 삶을 산다는 것은 씨올처럼 자기를 죽이는 삶을 산다는 것이다. 결혼을 안 하고 사는 경우나 결혼생활을 하는 경우나 어디나 갈등은 있다. 서로의 경우 서로 아름다움을 발견하여 '삶이 은총'임을 스스로 알아 나가야 한다. 자발적인 씨올의 삶을 선택하고 자아를 죽이려면 자기 스스로를 사랑하고 바르게 알고 있어야 가능하다. 공동체 생활에서 강자는 상대를 품어 안는 게 어렵지만 오히려 약자는 쉽게 품어 안을 수 있다.

순간순간 삶에서 나를 넘어서야 한다.

유영모는 죽음을 아름답게 표현하셨다. 사실 삶에서 늘 죽음을 마주칠 때가 많다. 육체적으로 죽는 것이 아니라 삶 속에서 내가 죽어야 된다. 죽음을 체험해야 함께 살 수 있다. 그래서 삶과 죽음 사이에서 공동체의 길이 열린다. 유영모는 삶을 제사로 봤다. 삶에서 나를 태우는 것, 나를 죽이는 것, 나를 불사르는 것 이것이 제사다. 나를 죽이고 불사르면 세상으로부터, 나로부터 자유로워진다. 빈탕한데서 놀이가 가능해지고 축제의 삶을 신나게 살 수 있다. 내가 나로부터 자유롭고 남으로부터 자유로울 수 있어서 사랑할 수 있고, 남을 위할 수 있고 자유로워진다. 이 얼마나 신나는 일인가. 유영모는 이것을 빈탕한데서 논다고 한 것이다.

유영모는 '인간의 몸과 마음은 죽어도 죽지 않는 영원과 연결된 긋'을 가지고 있다고 했다. '긋'은 '끗', '끝'과 연결된다. 여기서 '긋'은 '값'이라는 말인데, 내 속에 있는 신으로부터 받은 분깃을 뜻한다. 나를 끝낼 때 나의 끗발이 드러난다는 뜻도 있다. '긋'의 ㄱ은 하늘을 나타내고, ㅡ은 땅을 나타내며, ㅅ은 생명을 나타낸다. 씨올의 생명이 땅 속에서 땅을 밀고 하늘로, 위로 올라가는 것이 '긋'이다. 내가 나를 이기고, 극복하고 죽일 때, 내가 나를 끝낼 때 나의 끝머리에서 비로소 그 값어치가 나와서 내 생명의 '긋'이 변한다. 이것이 바로 생명의 꽃이다.

유영모는 개인의 삶을 넘어서면 전체생명, 공동체의 생명으로 들어간다고 했다. 순간순간의 삶에서 나를 넘어서야 전체생명으로 들어간다. 이것이 생명진화를 완성해 가는 것이다. 유영모 함석헌이 이해한 생명진화는 땅의 물질에서 하늘의 영에로 올라가는 것이다. 땅의 물질에서 시작하여 생명, 심리, 정신을 거쳐, 하늘의 영, 얼, 신에로 올라간다.

제4강

하루를 영원처럼 살다

다석
유영모

죽음은 새로운 삶의 꽃

죽음은 야무진 마무리다. 누구나 한번은 죽는다는 것을 생각하고 죽음을 야무진 마무리로 생각해야 한다. '죽음은 새로운 시작'이라고 생각하며 죽음을 맞는 것과 아무 생각 없이 죽음을 맞는 것은 다르다. 생각 없이 죽음을 맞으면 죽음에 대한 공포, 불안, 두려움, 한없는 무기력에 빠지게 된다. 자기생명, 자기정신을 꼭 붙잡고 가는 것이 삶과 죽음을 사는 중요한 자세이다.

옛 선비들이 죽을 때의 자세가 귀감이 된다. 율곡 선생은 49세에 죽었다. 율곡은 정승을 지낸 대학자였다. 병들어 죽을 때 아주 의연했다. 율곡이 세상을 뜨기 이틀 전에 바람과 눈보라가 몹시 일어 기왓장이 깨지고 날아갈 정도였다. 율곡은 베개를 안고 일어나 무릎을 꿇고 바로 앉아 "무슨 바람이 이렇게도 세게 부느냐?"고 묻자 제자 유경이 "과히 걱정하실 것 없습니다. 우연일 뿐입니다."라고 대답하였다. 율곡은 "내가 본래 생사에 걱정하는 사람이 아니니 나도 우연히 물어본 것뿐이다."라고 대답했다. 임종 때는 일어나 앉아 자리를 바로 잡고 머리를 동쪽으로 두고 의건을 바로 잡고 깨끗이 세상을 떴다. 여러 차례 정승을 지냈으나 남긴 재물이 없어서 친구의 수의를 빌려 입고 묻혔다고 한다. 퇴계 선생도 그림처럼 자연스럽고 편안하게 죽음을 맞이했다.

유영모 함석헌으로부터 배울 수 있는 것은 죽음에 대하여 철저하게 준비하는 것이다. 죽을 때 인생을 야무지게 마무리하자. 죽음은 삶의 끝이면서 새로운 시작이다. 죽음은 삶의 야무진 끝마무리이면서 새로운 생명의 꽃이다. '내가 죽음으로써 새로운 생명의 꽃을 피우는 것'이라는 신념을 가져야 삶과 죽음의 길을 힘차게 갈 수 있다.

독일 신학자 본회퍼(Dietrich Bonhoeffer / 1906~1945)는 39세에 처형당해 죽었다. 교도소에서 예배를 보고 있을 때 간수들이 와서 "죄수 본회퍼는 우리와 함께 간다."하면서 끌고 갔다. 당시에 간수와 함께 간다는 것은 처형실로 간다는 것을 뜻했다. 본회퍼는 사람들에게 작별 안부의 마지막 말로 "이것은 내 삶의 끝이 아니라 새로운 시작"이라고 했다.

본회퍼의 마지막 장면이 감동적이다. 교도소의 늙은 군의관이 처형장을 입회했다. 군의관은 방의 문틈으로 본회퍼가 죽기 전에 얼굴을 무릎사이에 넣고 아주 뜨겁고 간절하게 기도하는 모습을 보았다. 본회퍼는 히틀러를 저격하는 계획에 참여했던 행동파 신학자였고 비종교화를 내세운 세속화 신학자였지만 마음속에는 깊은 경건과 신앙이 있었던 것이다.

당시 교수형을 당할 때 발가벗은 몸으로 교수대에 올랐다. 본회퍼는 간절히 기도한 다음에 승리자의 모습으로 아주 당당하게 씩씩하게 교수대로 올라갔다고 한다. 본회퍼는 자기 인생의 마무리를 아주 잘한 사람이다.

오늘 먹은 마음, 오! 늘 잊지 마시오.

유영모 선생은 1918년에 「오늘」이라는 글을 썼다. 이 때가 28세였는데 '하루를 자기일생으로 알고 삶을 살기' 시작했다. '일일일생'이라는 말은 유영모가 처음 시작한 것은 아니다. 일본의 우찌무라간죠가 일일일생이라고 하는 주장을 내세웠다. '하루를 살되 일생을 사는 것처럼 살자.' 그런데 우찌무라간죠는 유영모처럼 날짜를 세면서 살지는 않았다. 유영모처럼 내면을 치열하게 깊게 파고들어가지 않았다. 유영모는 자기를 제사지내면서 하루를 지내고, 하루를 영원처럼 하루를 일생처럼 그렇게 살았다.

류승국 선생님은 오늘 살아있는 원로 철학자다. 이분은 90세에 가까운 분인데 지금도 유영모 선생님 사진을 놓고 아침저녁 몸과 마음을 가다듬고 있다. 류승국 선생이 대학원생 시절 일주일에 하루를 정해 놓고 유영모 선생 댁에 가서 무릎을 꿇고 하루 종일 앉아서 이야기를 들었다. 그런데 류승국 선생은 유영모를 그처럼 높이 우러르면서도 유영모에 대하여 글을 쓰지 않았다. 왜냐? 류승국 선생이 보기에 유영모는 땅에 발을 딛고 살면서도 정신과 마음을 하늘에 두고 사신 분, 하늘에 뿌리를 두고 사신 분이었다. 유영모 선생은 뿌리가 하늘에 있는 분이어서 우리같이 세속적으로 사는 사람하고는 류가 다르기 때문에 유영모의 사상과 철학을 이해할 수도 없고 이해해서 말한다고 해도 알아들을 수 없다고 여겼다. 그래서 글을 못 쓴다고 했다.

류승국 선생은 37살에 늦게 결혼했다. 이 결혼식에 유영모 선생께서 세검정에서 경기도 이천까지 찾아 오셨다. 당시 박종홍, 고형곤, 이정오 등 철학계의 원로들이 다 오셨는데 유영모 선생께 한 말씀하시라고 하니까 다른 말씀 없이 "신랑 신부 두 사람, 오늘 먹은 마음을 오! 늘 잊지 마시오"라고 말씀했다. 우리말로 오! 는 감탄사고, 늘은 영원이다. 결혼할 때 먹은 마음을 늘 잊지 말라는 것이니까 그 말씀을 어떻게 잊겠느냐고 하며 평생 못 잊는다고 했다.

류승국 선생의 부인께서 2년 전에 심장질환으로 돌아가셨다. 그 이후 얼마 뒤 씨알재단에 오셔서 강의를 하셨는데 요즈음 어떻게 지내시냐고 안부를 물으니 부인 이야기를 꺼내지도 않았는데 "하루하루가 그립고 사무치고 애달프지요"했다. "마음 같으면 그리운 사람한테 가고 싶은데 갈 수 있는 것도 아니고, 그러나 괜찮습니다. 하루하루 좋지요"하셨다. 유영모 선생과 비슷한 그런 말이 나왔다. 그냥 무심하게 나오는 말에서 영원한 삶의 향기가 느껴졌다. 삶의 깊이와 무게가 있어서 듣는 사람한테 힘이 되고 위로가 되는 말씀이었다.

있는 것은 지금 이 순간밖에 없다.

유영모는 하루를 영원처럼 살았다. 하루살이라는 말은 하루를 살고 죽는다는 말이다. 하루살이는 어떤 것인가? 그것은 '하루를 일생으로 여기고 산다. 하루 안에 태어나고 죽는다. 오늘을 영원처럼 오늘의 순간순간 속에서 영원으로 들어가는 삶을 산다. 영원한 시간을 붙잡는다.'는 뜻이다.

유영모 함석헌은 젊었을 때 칼라일(Thomas Carlyle)의 「오늘」이라는 시를 좋아했다. 당시 서양의 낭만주의 사상가들이나 시인들을 좋아하던 때다. 칼라일의 「오늘」과 유영모의 「오늘」을 비교하면 참 다르다. 오늘에서 영원으로 들어간다는 것은 같은데, 칼라일의 오늘은 밝고 아름답고 푸른 아주 낙관적인 오늘인데 비해 유영모의 오늘은 깊고, 깊은 어둠 속으로 들어가 저녁의 어두움을 소중히 여기고 지금 여기의 나를 깊이 파고드는 '오늘'이다. 오늘 하루의 삶에서 시간을 타고 영원으로 오르기 위해서 하루를 일생으로 알고 치열하게 살면서 유영모는 생명철학을 제시했다.

유영모의 생명철학은 '하루살이 철학'이다. '삶의 실상'이 무엇이냐? 삶의 실상은 '오늘, 여기, 나'에서 볼 뿐이다. 세상에 있는 것은 <지금 여기 나>밖에 없다. 나에게 주어진 시간은 지금밖에 없다. 지나간 것은 없는 것이다. 미래는 아직 오지 않은 것이다. 있는 것은 지금 이 순간밖에 없다. 내가 살 수 있는 시간은 지금 이 순간이다. 어제란 죽은 오늘의 이름(諡號)이고 내일은 아직 오지 않은 오늘의 미리 붙여진 이름(豫名)일 뿐이다. 내게 허락된 시간은 지금 이 순간밖에 없고, 내가 있는 곳은 여기밖에 없으며, 그리고 지금 여기서 생각하고 행동하는 주체는 나밖에없다.

사람은 생명력을 충분히 발현해서 실현하는 존재다. 무엇으로 실현하나? 일을 통해서다. 일이란 여러 가지가 맞물려서 이루어지는 것이다. 일을 통해서 하나의 세계가 열린다. 내가 혼자 책을 보더라도 내가 책을 읽을 공간과 자리와 책상이 있고, 그 책을 만든 출판사가 있고, 책을 쓰고 만든 사람이 있고, 또 그 시대의 여러 가지가 얽혀가지고 내가 책을 읽고 있는 것이다. 차를 타는 일도, 차를 운전하는 사람과 기름, 도로와 교통체계 등 무수히 많은 것들이 결합되어 있다. 여성이 바느질을 해도 그렇고 밥을 지어도 그렇다. 그런 일 하나하나가 다 새로운 관계의 세계를 여는 것이다.

사람이 하루에도 삼천 대천세계(大千世界)를 연다. 하루에 열가지 일을 하면 열가지 일 속에서 삼천 대천세계가 열린다고 했다. 한가지 일을 통해서 수많은 세계가 합류하고 만난다. 지금 여기서 하는 일에 모든 사람이 관여하고 있다. 더 나아가서 하나님의 존재와 활동이 일 속에 반영되는 것이다. 유영모 선생은 오늘 일을 하면서, 오늘을 통해서 결국 일을 통해서 새로운 세계를 열어가면서 위로 하늘로 올라가려고 했다.

유영모는 숨 쉬는 일, 하는 일, 삶 자체의 목적이 무엇인가를 탐구했다. 숨 쉬고 일하는 삶의 목적은 위로 올라가려는 것이다. '위'는 하나님, 하늘을 뜻한다. 영원한 세계다. 위로 올라가는 것이 영원에 들어가는 것이다. 유영모는 하루를 '할우'라했다. '할우'란 '우(上, 하나님)의 뜻을 행할 오늘'이라는 뜻이다. 하나님을 향해 올라가는 것, 하나님의 명령을 행하는 것이 하늘의 뜻이다. 기도나 예배가 다른 것이 아니다. 지금 덧없이 지나가는 시간 속에서 그 시간을 타고 비행기를 타고 올라가듯이 영원을 향해 위로 쭉 올라가는 것이다. 시간을 타는 것이다. 예수를 믿는다는 것도 예수를 붙잡아 타고 예수와 함께 하늘로 올라가는 것이라 했다.

건강하게 뛰는 맥박소리, 하나님께 드리는 참 찬미이고 참 예술이다.

유영모는 밤 10시에 자고 새벽 3시에 일어났다. 일어나서 냉수마찰과 체조를 1시간 가량했다. 그 다음 유교경전, 성경, 불경을 봤다. 유영모의 운동법은 쉽고 누구나 할 수 있다. 동작이 열 가지다. 유영모는 운동의 목적을 '피돌기'로 봤다. 건강의 핵심은 피돌기에 있고, 피가 잘 돌아가는 것이 건강한 것이다. 결국 숨을 잘 쉬어야 피가 잘 돌아가고 피가 잘 돌아가야 건강한 것이다.

유영모는 다른 곳에 머물러 냉수마찰을 못하게 되면 온몸 문지르기를 했다. 단전호흡으로 피를 힘차게 돌렸다. 손을 비벼서 얼굴을 문지르고 다리를 주무르고 해서 피가 힘 있게 돌아가도록 아침 점심 저녁으로 시시때때로 했다. 피돌기가 잘 되어야 하나님께 가까이 가는 것이다. 숨 잘 쉬고, 피가 잘 도는 것이 하나님께 제사 지내는 것이다. 건강하게 맥박이 뛰는 소리가 하나님께 드리는 참된 찬미이고 예술이다.

유영모는 널빤지에 꿇어앉아 명상했다. 제 몸 제 손으로 거두는 삶을 살았다. 유영모 선생은 큰 학자이고 영적으로 권위가 있는 분이신데 남에게 심부름시키는 것을 그렇게 싫어했다. 누가 대신 해주는 것을 싫어했다. 방 청소하는 것은 물론 자기가 할 수 있는 일은 자기가 다 했다. 제자인 박영호 선생이 유영모 선생 집에 왔을 때다. 박영호의 신발에 고

추장이 떨어져 있는 것을 보고 유영모가 얼른 쫓아가 손가락으로 신발을 싹 씻어 닦더라고 하였다. 이 일이 박영호의 인상에 남았다고 했다.

유영모는 술 담배는 물론 차, 음료수, 맹물도 안 마셨다. 하루에 한 끼를 먹어도 몸에 물이 가득하고 입안에 물이 넘쳐났다. 단전호흡을 하면 입천장이 뚫리고, 입천장에서 물이 쏟아진다고 한다. 1975년 경 유영모를 만났는데 입안에 물이 가득했다. 식사 때 국을 먹지 않아도 입에 물이 가득해서 목마른 법이 없었다. 유영모는 알뜰 살뜰 검소하게 살았다. 유영모는 노동자 복장을 하고는 시내에 나가도, 부자 옷 입고는 못나간다고 했다. 이렇게 민중적인 씨올의 삶을 사셨다. 걸을 수 있는 거리는 늘 걸어 다녔다. 단전호흡을 해서 솥뚜껑을 씌운 것처럼 아랫배가 불쑥 나왔다. 유영모는 발로 걷지 않고 배로 걷는 다고 했다. 발로 걷지 않고 배로 걷기 때문에 아무리 걸어도 힘든 줄을 몰랐다.

막히면 안 된다. 생각이 뚫려야 한다.

유영모의 사위 최원극은 다석의 일일일식은 "도통(道通), 이통(理通), 신통(神通)의 단계를 향하는 '정신의 등산'을위한것"이라 했다. 두루 통하는 삶에 이르러야 한다. 공부를 하는 것은 삶과 생각과 마음이 다 뚫리는데 이르자는 것이다. 숨을 쉬어도 온 몸이 다 뚫리고, 온 몸의 핏

줄이 두루 뚫려야 한다. 기도를 많이 하고, 도를 닦고 공부를 많이 하면 소화도 잘 되어 입에서 항문까지 잘 통해야 한다. 몸도 생각도 막힘없이 뚫려야 한다.

유영모는 늘 꿇어앉고(一坐), 늘 한끼밥먹고(一食), 진리의 말씀만 탐구하고(一言), 한결같은 사랑으로 살았다(一仁). 김흥호 선생이 이런 유영모의 삶을 글로 썼다. "진리로 삶과 죽음이 통하고(一言生死通), 사랑으로 있음과 없음이 통하고(一仁有無通), 한 끼 먹음으로 낮과 밤이 통하고(一食晝夜通), 꿇어 앉음으로 하늘과 땅이 통한다(一坐天地通)." 사통(四通)을 말했다.

유영모는 이 사통을 읽고 나서 이렇게 답했다. "하늘과 땅은 근원으로 통하고, 무릎 꿇고 앉으면 하늘과 땅이 편안하다(元通天地一坐天地安)." 맨 처음 나오는 것이 꿇어앉는 일좌(一坐)다. 두 번째가 일식(一食)이다. "밤낮으로 형통하고 두루 통하는데, 하루 한 끼 먹으면 밤낮으로 한가하다(亨達晝夜一食晝夜休)."세 번째가 일언(一言)이다. "살거나 죽거나 이롭고 평화로워, 한 말씀으로 삶과 죽음을 안다(利和生死一言生死知)." 네 번째가 뚫음이다. "있음과 없음을 곧게 뚫으면, 있음과 없음을 하나로 보게 된다(貞徹有無一見有無觀)."

김흥호의 사통과 비교하면 꿇어앉음과 하루 한끼 먹음이 앞에 나온 것이 다르다. 그리고 사랑(仁) 대신에 정철(貞徹)이라는 말을 썼다. 사랑이라는 것이 매우 어려운 것이기 때문에, 십자가의 삶처럼 어려운 것이기 때문에 정철(貞徹)이라는 말을 썼다. 이것은 곧게 뚫는다는 말이다. 사랑은 곧게 뚫는 것이다. 십자가처럼 곧아야 하고 뚫어야 하는 것이다. 유영모는 있음과 없음을 하나로 보는 것이 사랑이라 했다. 사랑하는 사람만이 가진 것이 없는 사람에게서 있는 것을 보고, 가진 것이 많은 사람에게서 없는 것을 볼 수 있다.

잔입은 커녕 군입을 해서도 안 된다.

유영모는 점심 때 한 끼 식사를 했다. 김홍호 목사님의 증언에 의하면 식사는 평범하게 하셨다고 한다. 특별한 것이 없고 일체 간식을 하지 않았다. 유영모는 일일일식이 만병을 퇴치하는 비결이라고 했다. 유영모는 약을 먹지 않는 사람으로 소문이 났다.

1963년에 함석헌 선생이 대광고등학교에서 대중강연을 했다. 수만명의 청중이 모였는데 함 선생이 여름철 한낮에 강연을 하다가 잠깐 졸도를 하셨다. 이걸 본 유영모에게 의심이 생겼다. 일일일식을 하면 절대 어지럼증이 없어야 하고 병이 나지 않아야 하는데 이런 일이 생겨서 당일은 연유를 묻지 못하고 다음 날 물었다. 함 선생이 웃으면서 강연하러 나오기 전 잔입을 좀 했습니다 했다. 잔입이라는 것은 조금 먹었다는 것인데 유영모는 잔입은 커녕 군입을 해서도 안 된다고 했다.

유영모의 정좌법은 독특하다. 무릎을 앞으로 붙이고 엉덩이를 바닥에 대는 자세이다. 가부좌의 앉은 형태는 역삼각형인데 비해 정좌의 앉은 형태는 정삼각형이며, 허리를 가장 바르게 세우는 좌법이다. 등을 똑바로 펴주고 숨을 깊게 해주는 안정된 좌법이다. 유영모는 항상 정좌를 하셨다.

기념하는 것보다 자기 삶을 열심히 살아야 한다.

유영모는 '나'를 불태워 제사 지내라고 했다. 동학에서 해월 최시형이 향벽설위(向壁設位)에서 향아설위(向我設位)로 제사의 원리를 바꿨다. 동학이 굉장히 용감하다. 벽을 향해서 조상에게 제사 지내지 말고 나를 향해서 제사를 지내라는 뜻이다. 천주교는 제2차 바티칸공의회 이전에는 제단을 향해서 미사를 드렸지만 지금은 세상을 향해서 미사를 드리고 있다. 유영모는 벽을 향해서든 나를 향해서든 밖으로 하는 제사를 없애 버리고, 몸을 불태워 숨 쉬고, 피가 돌아가는 것이, 맘을 불태워 생각하는 것이 제사라고 했다.

서양 기독교가 들어오면서 제사를 엄격하게 금했다. 그래서 제사로 인해 많은 사람들이 순교를 당했다. 지금은 천주교가 제사 지내는 것에 관대해졌지만 유영모는 제사를 지내지 않게 되어서 참 좋다고 했다. 우리 백성을 위해서 기독교가 제사를 없앰으로써 큰 공을 세웠다고까지 했다. 제사는 가정의 우애를 돈독하게 하는 장점도 있지만 큰돈이 들어가고 여성들의 고생이 많다.

유영모 함석헌이 제일 싫어하는 것은 죽은 사람을 기념하는 거였다. 죽은 사람을 흉내 내는 것은 더 잘못된 것이라 했다. 유영모는 자기가 죽은 다음에 무덤도 만들지 말라고 했으며, 함석헌은 자기 무덤에 비석을 세우는 사람은 벼락을 맞을 것이라고 했다. 제자들이 "돌아가신 다음에 기념사업을 하겠다."고 하자, 함석헌은 "무슨 기념사업을 해요. 각자 제 살림 사는 거지요."했다. 제 살림 제가 사는 것이 씨ᄋᆞᆯ정신이다. 죽은 사람을 기념하는 것보다 죽은 사람의 삶과 정신을 이어 사는 것이 중요하다.

우리가 유영모의 일일일식이나 해혼을 두고 흉내 내려고 하다가는 잘못 되기 쉽다. 유영모는 평생을 두고 진리와 영을 탐구하는 삶의 과정에서 자연스럽게 일일일식이나 해혼에 이르렀다. 유영모는 해혼과 금욕 그 자체 보다는 사람의 본성을 회복하고 정신이 하늘로 올라가야 한다는데 관심을 기울였다.

나는 생선꼬리 밖에 안 된다.

유영모는 참으로 겸허하게 사셨다. 하루 한 끼 먹기, 새벽에 일찍 일어나기, 찬물로 몸 문지르기, 시간 약속 잘 지키기, 늘 걸어 다니기, 얼음과자 안 먹기, 정좌로 꿇어앉기 등으로 자신의 삶을 철저하게 다스리고 자신의 생각과 뜻을 행하며 살았다. 유영모와 가까이 지낸 호암 문일평(1888~1936) 선생은 정인보, 신채호 선생에 비견할 만한 대중역사가이며 문필가이다. 유영모는 문일평 선생의 죽음을 애도한 다음 일생선(一生鮮)이라는 글을 쓰셨는데 여기서도 유영모 선생의 오늘살이에 대한 마음가짐이 잘 드러난다.

> 한 머리면 몇 토막에 한 토막은 몇 점인가
>
> 머리 하나 달린 생선 한 마리면 몇 토막이나 나오나, 작은 생선 한 마리의 한 토막은 몇 점이냐, 한 토막은 젓가락으로 몇 번 집어 먹을 수가 있느냐.
>
> 하루하루 저며 내니 어늬덧 끝점 하루
>
> 사람의 일생이 생선 한 마리 같은 것이다. 하루하루 산다는 것은 일생을 생선 뜯어 먹듯이 하루하루 저며 내는 거다. 저며 낸다는 것은 젓가락으로 한 점씩 뜯어내는 것이다. 하루가 한 점이다. 하루하루 젓가락으로 집어 먹은 거야, 하루하루 저며 내니 어느덧 하루가 남았구나, 마지막 죽을 날이 되었구나.

하루는 죽는 날인데 萬(만)날 壽(수)만 녁이네

하루하루가 죽는 날이다. 하루는 마지막 죽는 날이다. 오늘 하루가 죽는 날일 수 있다. 또 백년을 산다고 해도 마지막 날은 역시 하루다. 결국 내게 주어진 것은 하루뿐인데 사람들은 수많은 날이 있다고 생각하면서 살고 있다. 하루가 일생이고 일생이 하루다.

맛없이도 머리토막 죅여내어 없이 됐고

맛없어서 생선 머리를 잘라 내버리듯이, 유년시절과 젊은 시절은 인생의 맛도 모르고 그냥 첫머리를 지낸 거야. 벌써 없어져 버린 거다.

세간살이 한답시고 간대(가운데) 토막 녹았으니

먹고 살겠다고 가운데 토막 녹았으니, 첫머리는 철모르고 맛없이 멋없이 지나가 버리고, 가운데 토막은 먹고 산다고 허둥대다가 녹아버렸네.

님께는 무얼 바치나 꼬릴 잡고 뉘우치네

살다가 보니깐 마지막 꼬리만 남았네. 꼬리를 잡고 뉘우치네.

국거리는 못되어도 찌개라도 하시려니

마지막 남은 꼬리는 국거리는 못되어도 찌개에 넣을 수는 있지 않겠느냐, 그렇게라도 되었으면 좋겠다.

찌개감도 못되면 고명에는 씨울(쓰일)거니

찌개감이 안 되면 꼬리를 고명에는 쓸 수 있겠다. 쓸모없는 것이지만 국수에다 얹어 올려놓는다든지 해서라도 쓰일 수 있으면 쓰이겠다.

성키만 하올 것이면 님께 드려 보고져

썩지만 않았으면 마지막 꼬리라도 하나님께 드리고 싶다.

五十 구빌 도라드니 큰 토막은 다 썼고나

이제 나이 50고개를 향해 돌아드니, 인생의 중요한 시기는 다 보냈구나.

인간의 도마 우에선 쓸데없는 찌꺼기나

세상에서 보기에는 이젠 쓸데없는 늙은이가 되었으나

님께서 벌녀 주시면 배부르게 五天人!

꼬랑지라 남 보기에 쓸모없는 것이지만 하나님이 받아주신다면, 이것을 벌려서 펼쳐 주시면 오천 명이 먹고 배부를 수가 있다. 물고기 두 마리와 보리떡 다섯 개로 5천명이 먹고 열 두 광주리가 남았다는 복음서의 이야기처럼 생선 꼬리 같은 나의 인생도 하나님이 써 주시면 5천 명이 배부르게 먹을 수 있는 기적이 일어날 수 있다!

유영모는 40대 후반에 이르기까지 치열하게 살았지만 지극히 겸허하여 초심을 잃지 않았다. 벗의 죽음 앞에서 마음을 다 잡고 낮고 작은 자리에서 삶을 새로 시작한다. 마치 하늘에 오르는 인공위성이 여러 차례 폭발을 일으키면서 자기를 버리고 위로 올라가는 것처럼 유영모도 거듭거듭 자기를 폭발시켜서 위로 올라가는 삶을 살았다. 1936년에 이 시를 썼고, 1941년에 새로운 회심의 체험을 하고 기독교 신앙에 다시 깊이 들어갔으며, 1943년에는 북악마루에서 천지인 체험을 하여 동서 사상을 아우르는 주체적인 생명철학을 정립하고 1955년에는 1년 후로 사망예정일을 정하고 몸과 맘을 온전히 불사르는 깊은 영성의 세계로 들어가 20년 동안 삶과 사상과 정신의 체험을 기록한 '다석일지'를 남겼다.

제5강

밥 철학과 깨끗한 삶

밥 속에 하나님과 이웃이 있다.

사람이 사는데 밥이 얼마나 필요하고 소중한가? 지금 남한 땅에 사는 사람들 다수는 굶주림으로부터 좀 자유로워졌다. 그러나 굶어본 사람들은 밥이 얼마나 소중한 것인지 안다. 예전에는 낯선 사람들이 오면 밥 먹으라고 하는 것이 큰 인사였다. 밥을 많이 먹으라고 하는 것은 사랑의 표현이었다.

지금은 밥 많이 먹으라고 하면 싫어한다. 밥을 많이 퍼주거나 많이 먹으라고 하면 살찐다며 좋은 소리를 못 듣는다. 지금은 아주 친하지 않으면 밥 먹자고 하지 않는다. 10여년 전만해도 회사에서 회식하자면 좋아했는데 지금은 그렇지 않다. 차라리 현금을 달라고 한다.

나는 2, 30대에 교도소를 두 번 갔다. 여기서 원초적으로 경험한 것이 '식본능(食本能)'이다. 독방에 앉아 있으면서 아주 절절하게 느꼈다. 사람에게 식본능은 아주 강한 것이다. 성본능은 그 다음이다. 유영모 선생도 일일일식 하면서 사람본능 가운데 식본능이 아주 큰 것임을 자주 말씀하셨다.

1997년, 나는 인도에서 보름동안 민중신학자들과 불가촉천민 신학자들의 세미나에 참가했다. 그때 아주 강력한 경험을 했다. 인도 남부지방을 여행했을 때다. 불가촉천민 장애인들, 어린이들이 있는 지역에서 하루를 잤다. 이 사람들은 하루에 대 여섯 번 예배를 드렸다. 할 일이 없어서인지 틈만 나면 예배를 드렸다. 나는 그들의 찬송소리를 듣기 위해서 그 예배에 열심히 참석했다. 불가촉천민들은 세상에 대해 정말 희망이 없다. 사회적으로 아무 일도 할 수 없다. 거기다가 장애인이니 더 절망적이다.

그런데 절망적인 가난한 아이들이 부르는 찬송소리가 아주 힘찼다. 찬송소리가 명징할 뿐만 아니라 생명력과 정신적인 에너지가 꽉차 있었다. 이들의 찬송소리를 들으면 내 몸과 마음이, 살과 뼈가 쭈뼛쭈뼛 서는 것을 느꼈다. 그때 느꼈다. 사람은 창자가 비어야, 굶주려야 사람의 소중함을 알고 고마움을 알고 사람에 대한 간절한 사랑을 가지게 된다.

창자가 비어야 하나님에 대한 은혜를 갈구하고 하나님을 그리워한다는 사실을 알았다. 소중한 밥을 먹지 못하니까 밥에 대한 그리움이 사무치고 그리운 밥 속에 하나님과 이웃이 있다는 것을 느낄 수 있었다.

유영모, 몸 밥 영의 철학자

유영모는 밥에 대한 이야기를 많이 하셨다. 내가 「예수운동과 밥상공동체」라는 책을 써서 사람들이 많이 읽었는데, 유영모 선생의 이런 생각을 알았다면 더 좋은 내용으로 책을 썼을 것이다. 유영모를 연구하면서 유영모는 분명히 몸 밥 영의 철학자라는 것을 알았다. 누구보다도 영성적이고, 누구보다도 밥적이다. 유영모처럼 밥을 중요하게 성찰한 분이 없다. 유영모는 몸에 필요한 이상으로 밥을 먹어서는 안 된다고 했다. 몸이 생존하는데 필요한 만큼만 먹어야 한다고 했다. 이런 생각이 있어서 일일일식을 하신 것이다.

유영모는 1941년 2월 17일부터 하루에 저녁 한 끼만 드셨다. 새벽 3시에 일어나서 15시간 이상을 물 한 방울 입에 대지 않았다. 새벽 3시에 일어나서 저녁 6시까지 15시간 동안 아무것도 먹지 않다가, 저녁 6시에 밥을 먹었다. 밥을 줄임으로써 육으로 살지 않고 정신으로 사셨다. 하루 한 끼를 먹으면서도 유영모는 필요에 따라 단식을 자주 했다.

사흘 닷새 이레 열 며칠 단식을 하셨는데 기록을 보면 닷새 동안 숨만 쉬고 지내기도 했다. 물도 안 먹었다. 1957년 1월 27일에는 닷새 동안 생각을 골똘하게 하고 싶어서, '나'자신을 더욱 깊이 생각하려고 단식을 했다. 그때가 68세였다. 보통 그 나이쯤 되면 다 깨달았다고 하고 좋은 얘기만 하고 인생을 살려하는데 뭔가 생각을 골똘하게 하기위해 닷새 동안 숨만 쉬고 단식했다는 것은 참으로 철저한 진리 탐구자임을 말해 준다.

유영모는 120시간 숨만 쉬고 설교하니 입술이 마른다고 하며, 오늘은 물을 먹고 자고 일어나니까 피곤이 싹 풀린다고 했다. 물만 먹어도 피곤이 풀리니까, 유영모는 바람이 양식이요 물이 양식인 것을 깨달았다. 낟알과 밥만이 아니라, 바람과 숨결과 물도 양식임을 아신 것이다. 1960년 3월 11일 일지에 2~3일을 안 먹고 안마시다 보면 살에 닿는 바람이나 얼굴에 닿는 물이 마치 목구멍으로 넘어가는 물과 같이 시원하다고 했다. 몸으로 지나가는 바람하고 몸에 닿는 물이 내 목구멍으로 들어가는 양식으로 느낀 것이다. 바람과 물이 내 존재를 형성하는 밑바탕이라 했다.

지금 몸속에는 수 억 년 동안 쉬어온 숨의 기운과 수 억 년 동안 바람과 물을 마시면서 길러진 생명의 힘이 쌓여 있다. 정력을 빚어 만든 기운과 기운을 승화시킨 신령한 힘이 몸과 마음에 깃들어 있다. 밥그릇에 있는 밥을 먹어 밥 힘만으로 사는 것은 어리석은 것이다. 밥 힘 이전에 몸과 마음에 축적되어 있는 엄청난 우주적 에너지가 있다. 사람은 수 억 년 동안 생명의 역사 속에서 농축된 우주적인 힘으로 살아야 한다. 유영모는 그렇게 사신 분이다.

일곱 가지 생각할 일, 칠사(七思)

유영모는 자기 몸가짐과 생활을 위한 원칙 일곱가지를 정했는데 그것을'일곱 가지 생각할 것'(七思)이라고 했다. 밥에 대해서는 일곱 번째에 언급하였다.

첫째 명상할 때 성실하게 생각한다.(명사성-瞑思誠)

둘째 앉을 때는 곧음을 생각한다.(거사직-居思直)

셋째 숨 쉴 때는 사라짐을 생각한다.(식사소-息思消)
[삶을 들이쉬고 말씀을 내쉬고(흡생호명-吸生呼命)]

넷째 잘 때는 평안을 생각한다.(침사녕-寢思寧)

다섯째 방에서는 후손의 삶을 생각한다.(방사후생-房思後生)

[금슬을 좋게 한다.(금슬조단-琴瑟造端)] : 금슬을 잘 다듬어서 만들어야 한다. 방에서는 뭘 생각하느냐면 금슬을 좋게 하는 것을 생각해야 한다. 다른 말로 하면 후생(後生)을 생각해야 한다.

여섯째 밖에 나가서는 하나님 섬기는 일을 생각한다.(교사사천-郊思事天)

[무료한 시간에는 더욱 어버이(하나님)를 생각하고 공허함 위에 홀로 낙원을 세우고(무료시중배사친 공허감상독낙원 - 無聊時中培事親 空虛感上獨樂園)] : 집밖에 다닐 때는 하나님 섬길 일을 생각한다. 어떻게 하면 집밖에서 내가 하나님을 섬길 수 있나 하고 생각하는 것이 교사사천이다. 보통사람들은 쓸쓸함을 느낄 때, 공허한 마음을 느낄 때 낙담을 한다. 딴 생각을 한다. 못된 생각을 할 수도 있고 자꾸 가라앉는다. 유영모는 공허함이 생기면 공허감 위에 낙원을 지으라고 한다. 매우 적극적인 이야기다. 노력하면 된다. 아주 답답하고 울적할 때는 하나님 섬기는 일을 더 생각하고, 공허할 때는 공허함 위에 낙원을 세워야 한다.

일곱째는 밥 먹을 때는 사랑으로 나눌 것을 생각한다.(식사할애-食思割愛)

[1955년 4월 30일 일지. 「다석일지공부」1. 30~31쪽] : 밥 먹고 남은 것을 나누는 것이 아니라 지금 먹고 있는 밥을 나눌 것을 생각한다. 유영모는 아침은 하나님께 드리고 점심은 이웃에게 드리고 저녁은 자신의 몸을 위해 먹었다. 굶어죽는 이에게 밥은 목숨이다. 밥을 먹지 못하면

목숨이 끊어진다. 밥을 나눔은 목숨을 나눔이고 마음을 나눔이다.

유영모는 밥 먹음이 예배라고 했다. 거기에 '맙'이라는 말이 나오는데 '맙'은 제사 밥을 말한다. 밥 먹는 것이 예배다. 제사는 곡식과 짐승을 불살라서 하나님께 바치는 것이다. 밥 먹고 소화하는 것은 곡식들과 고기들을 우리 입에다 넣어가지고 우리 속에서 불사르는 것이니까 우리 몸속에서 예배를 드리는 것이다.

식사기도문, 오관게(五觀偈)

오관게는 다섯 가지 보는 글이다. 다섯 가지 깨달음과 다짐의 글인데 불교의 식사기도문이다.

첫째 이 밥이 올 때까지 여러 공덕을 생각 하니, (계공다소 양피래처-計功多少 量彼來處)
'양피래처'에서 양은 생각한다는 뜻이다. 피는 음식, 밥이다. "밥이 온 곳을 생각해보니"라는 말이다. 계공다소는 공이 많고 적음을 헤아려 본다는 것이다. 밥이 어디서 왔는지를 헤아려보면 밥이 오는 과정에서 많은 공덕들이 들어있다. 멀리는 햇빛과 물과 바람이 작용해서 곡식을 만든다. 대자연의 은공뿐 아니라, 곡식을 짓는 농부의 공, 곡식을 파는 사람의 공, 밥을 짓는 사람의 공을 생각해야 한다.

둘째 덕행이 부족한 나로서는 먹기가 송구하다. (촌기덕행 전결응공 - 村己德行 全缺應供)

촌기덕행에서 촌은 생각한다, 헤아린다는 뜻이다. 촌기덕행은 내 덕행을 생각해 본다는 뜻이다. 전결응공은 온전하지 못해서 공양받기가 어렵다는 말이다.

셋째 마음을 막고 허물을 떠나 가난하고 평등한 마음으로, (방심이과 빈등위종 - 防心離過 貧等爲宗)

방심이과는 마음의 둑을 쌓아서 마음의 욕심을 막고, 허물에서 떠난다는 말이다. 탐욕과 어리석음과 노여움 그런 것들의 허물에서 벗어나서 바르게 생각한다. 빈등위종은 가난하고 평등한 마음으로 근본을 삼는다는 뜻이다.

넷째 여윈 몸을 치료하는 좋은 약으로 생각하면서, (정사양약 위료형고 - 正思良藥 爲療形枯)

정사양약은 밥을 좋은 약으로 바르게 생각한다는 말이다. 위료형고는 여윈 몸을 치료한다는 말이다.

다섯째 도업을 이루기 위하여 이 음식을 먹는다. (위성도업 응수차식 - 爲成道業 應受此食)

위성도업, 도업을 이루기 위해서 응수차식, 마땅히 이 밥을 먹는다.

유영모는 오관게를 좋은 식사기도문이라 했다. 내가 날마다 먹는 밥은 다른 생명체가 제 생명을 나에게 바치는 것이고 나를 살리기 위해서 드려진 희생제물이다. 즉 예배이다. 밥은 나에게 머물지 않고 나를 넘어서 나 속에 계신 하나님께 드리는 것이며 내가 먹는 것이 아니라 하나님이 먹는 것이다. 내가 밥을 먹으면 몸에서 정력(精力)이 생기고 정력에서 기(氣)가 생기고 기에서 신(神)이 나온다. 신(神)은 하나님과 소통하고 연락하는 것이다. 그러니까 밥 먹는 것이 예배다.

유영모는 우리도 밥을 먹고 밥이 되어야 한다고 했다. 우리가 밥이 된다는 것은 무엇을 의미하는가? "인생이란 밥을 통해서 우주와 인생이 얻는 영양은 무엇일까. 그것은 말씀이다…온 인류를 살리는 우주의 힘이 되는 성령의 말씀이 있다… 인생은 하나님의 말씀을 바칠 수 있는 밥이다."그래서 우리가 밥을 먹고 말씀이 되어야 한다. 육체적인 밥을 먹고 육체를 통해서 말씀을 모시고 말씀을 낳아야 한다. 말씀이 되는 것은 이웃과 하나님에게 밥이 되는 것이다.

알맞게 먹어야 평화를 이룰 수 있다.

유영모의 글 가운데 '굶어야 산다'라는 말이 나온다. 욕심으로 먹기 때문에 과식이 되고, 과식하기 때문에 많은 생명을 죽이고 자신의 생명도 병들어 죽는다. 세상에는 너무 많이 먹어서 비만에 걸리고 몸에 질병을 가진다. 많이 먹으면 폭력적으로 된다. 또 너무 적게 먹어도 굶주려 병이 들고 역시 폭력으로 빠진다.

알맞게 먹는 이들이 평화롭게 살 수 있는 사람들이다. 왜 세상에 평화가 없는가? 한쪽이 너무 많이 먹기 때문이다. 많이 먹어 몸에 평화가 없어지니까 남의 평화도 깨뜨린다. 다른 한쪽에는 너무 못 먹어서 굶주리고 병에 걸리고 평화를 이루지 못한다. 그래서 몸에 필요한 만큼만 알맞게 먹어야 평화를 이룰 수 있다. 마음도 평화를 이룰 수 있고 세상에도 평화가 온다. 유영모는 평화가 어디서부터 시작되어야 하느냐 묻고 밥 먹는 것부터 알맞게 먹어야 평화가 시작된다고 했다. 우리 조상들은 음식가지고 장난치는 것을 금기시했다. 지금 음식쓰레기가 많이 나오는 판국인데, 이것도 문제지만 음식가지고 장난치는 것을 보니 큰일이다.

밥을 알맞게 먹으면 몸이 튼튼해지고 마음이 놓인다. 마음이 놓이면 사람의 가장 깊은 곳에 있는 본성 즉 바탈을 움직이게 된다. 음식을 알맞게 먹어 마음이 놓이면 사람 속에 바탈이 살아난다. 사람의 바탈은 감성, 지성, 영성이다. 사람은 생각하는 존재다. 사람을 사람답게 하는 바탈은 창조적인 지성과 생각, 솟아오르는 정신이다.

밥을 알맞게 먹어서 몸이 성하면 마음이 놓이고 마음이 놓이면 본성이 살아나서 그 뜻을 태우고 바탈을 태운다. 바탈을 타고 하늘로 오르고 바탈을 불태워서 바탈을 살리는 것이 인생의 목적이다. 유영모는 인생을 '바탈타기'라고 했다. 유영모는 '바탈 태우'라고도 했는데,'바탈 태우'는 바탈을 불태움을 뜻하기도 하고 바탈을 타고 위로 하늘로 올라감을 뜻하기도 한다. 사람 속의 바탈이 불타서 그 힘이 솟구쳐 바탈을 타고 올라가면 자기 자신의 감성과 이성과 영성이 창조적이고 개성적으로 드러난다. 그리하여 감성의 예술, 이성의 과학, 영성의 종교가 발달한다.

유영모는 완전연소의 깨끗한 삶을 살았다. 불완전 연소가 없다. 타다 말면 숯도 안 된다. 알맞게 먹고 몸 건강하고 마음이 놓이면 본성의 속이 타오르고 속에 있는 정신이 타오르면, 어떤 경우에도 좌절하지 않고 절망하지 않으며 성공할 수 있다. 승리하는 삶을 살 수 있다. 돈 많이 벌고 출세하는 것이 성공이 아니다. 속에서 솟구치는 정신이 있다면 어떤 경우에도 성공하고 승리할 수 있다. 유영모는 "나를 시골사람으로 봐주는 것을 내 나라에서 받은 대접의 유일한 영광"이라고 했다. 노동복 입고 천 가방에 성경책 넣어 들고 걸어 다녔다. 만나는 사람마다 시골에서 언제 오셨냐고 물을 정도의 삶을 살았다. 그러나 속에서는 하늘을 향해 솟아오르는 얼이 힘 있게 살아 있었다.

각자가 씨알이 되어야 한다.

유영모는 곧아야 두루 통한다고 했다. 그는 곧음을 '고디'라고 했는데 고디는 '곧음'(直)과 동정, 절개(貞)를 뜻한다. 자연치료사 김철에 따르면 척추와 고관절이 틀어지는 것은 만병의 근원이다. 척추와 골반 뼈를 곧고 바르게 해주면 온몸의 기관들과 온몸의 기운들이 잘 통하고 잘 돌아간다. 사상과 정신도 곧아야 두루 통한다.

유영모 함석헌은 마음과 몸의 통일, 하나님과 나의 하나 됨을 말했다. 더 나아가서 세계평화와 통일을 말했다. 어떤 사람들은 "내가 우주의 아버지다, 우주의 어머니다."하고 "내가 하나님이다."하면서 대중을 혼란에 빠지게 한다. 유영모 함석헌은 '나와 하나님의 하나 됨'을 말하면서도 지극히 겸허하고 민중 한 사람 한 사람을 높이고 섬기려 했다.

유영모는 자기 자신을 생선꼬리라고 말했다. 종로바닥에서 평생을 살았는데도 시골사람으로 대접받는 것을 최대의 영광이라고 했다. 말년의 함석헌은 자신이 여물지못한 지극히 작은 씨올이라고 했다. 이것이 씨올정신이다. 자기가 우주의 아버지 어머니라고 혼란을 부추기는 사람과 나는 못났고 죄인이고 약하고 여물지 못한 씨올이라고 말하는 사람하고 어떤 사람이 진짜 씨올운동을 할 수 있는 사람인가? 한 사람 한 사람 다 씨올이고 나도 하나의 씨올임을 자각한 사람, 내가 하늘의 영을 받은 사람이고, 내가 예수님의 친구이고 모든 사람의 형제임을 깨달은 사람이 씨올 공동체운동을 할 수 있다.

제정구가 쓴 '예수운동의 성서적 고찰'을 읽어보고, '제정구가 함석헌의 제자' 임을 실감했다. 제정구는 민중 생명 영성을 주제로 밑바닥 민중들과 더불어 치열하게 살고, 불의에 맞서 저항하며 구도자적인 삶 속에서 진리와 영을 탐구하고 더불어 사는 공동체 세상을 추구했다. 제정구 선생은 함석헌 선생의 정신과 사상을 잘 이해하고 따른 분이라고 느꼈다. 유영모, 함석헌, 제정구가 추구한 민중 생명 영성의 삶은 그대로 예수의 삶인데, 기성교회들은 예수의 생명력과 실천력을 잃어버린 것 같다.

새로운 세상이 올 때까지 가짜들이 많이 나온다. 길 닦아놓으니, 소금장사가 먼저 지나간다는 말이 있다. 정말 바른 세상을 이루려면 바른 신앙과 철학이 나와야 하는데 지금은 사이비 가짜들이 너무 많다. 자기가 여호와 하나님이라고 하니까 수만의 사람들이 몰려들기도 한다. 파렴치한 짓을 일삼는 못된 놈에게 그냥 끌려 다니면서, 재산 바치라고 하면 몽땅 쓸어 바치기도 한다. 유영모 함석헌은 각자가 정신 줄을 꽉 잡아야 한다고 했다. 각자가 씨올이 되어야 한다. 각자가 일어서야 한다. 각자가 주인이다. 나라의 헌법에도 그렇게 되어 있는데 왜 씨올노릇을 못하는가? 사기꾼들의 말에는 귀가 솔깃하면서 "네가 씨올이다.", "스스로 씨올이 되라."고 하는 말에는 귀를 막으려 한다. 새 세상이 오려면 각자가 씨올로 깨어나는 것밖에 다른 길이 없다.

밥이 보배다. 알맞게, 고맙게 먹어야 한다.

우리는 어른들한테 밥이 보배라는 말을 많이 들었다. 유영모의 밥 철학을 읽으면서 느낀 것이지만 요즘 밥을 잘 먹지 않거나 소홀히 대하는 것을 보면 참 안타깝다. 내 건강을 지키는 것이 하나님을 찬양하는 것이고, 예배드리는 것이라는 것을 알게 되면서 밥이 소중하다는 것을 더 절감하게 된다. 단식을 해보면 더 절감할 수 있다. 먹는 것이 소중할 뿐 아니라 즐거운 것이라는 것을 몸으로 알게 된다. 우리 부모들이 "밥알, 쌀 한 알 한 알이 소중하다", "밥알 한 알이 하늘이다"하고 말씀했던 것을 공감하게 된다.

유영모 선생은 일일일식으로, 필요할 때 단식으로 아주 적게 먹었다. 유영모의 사위 최원극이라는 분은 덩치가 큰 사람인데 일주일간 일일일식을 했다가 못 견디고 폭식을 해서 위장을 해쳤다. 김흥호 목사님도 한 끼를 먹었는데 한 끼를 많이 먹는다. 유영모 선생이 일일일식을 했다 하여 따라서 해본다고 몸을 망치면 안 된다. 유영모 선생님의 뜻은 알맞게, 고맙게 먹어야 한다는 것이다. 왜냐하면 남의 목숨을 먹는 것이니까, 남의 목숨이 나를 위해서 희생해 주는 것이니까, 고맙고 감사하게 알맞게 먹어야 한다는 것이다. 유영모는 한 번도 나처럼 이렇게 해보라고 말씀하신 적이 없다.

스스로 서야한다.

사람이 주체적으로 되어야 한다고 하지만, 많은 사람이 주체적으로 살려고 하지 않는다. 묻어가고 싶고, 얹혀가고 싶고, 매달리고 싶어 한다. 지역에서 활동하다보면 사실 모든 활동이 '스스로 서야'하는 것들이다. 그런 점에서 얼마나 주체적인지를 성찰하게 된다. 또 내가 스스로 하나님을 만나야 되고, 스스로 이웃도 만나야 된다는 것을 느끼게 된다.

수렵채취시대의 사람들은 천지인 합일체험을 하면서 살았다. 하늘하고 직접 상대하면서 살았다고 하는데, 그때 사람들의 뇌 용량이 1350cc라고 한다. 현대 사람들의 뇌 용량은 1200cc로 150cc가 쪼그라들었다. 왜 그런가? 수렵채취시대 때는 먹이를 구하거나, 입을 것을 구하거나, 잠잘 곳을 구하거나 생존을 위해서 스스로 노력해야 했다. 누가 대신 해주는 것이 없다. 물론 애기 때는 먹여주었겠지만 조금 크면 자기 밥은 자기가 해결해야 했다. 그러다보니 항상 전심전력으로 생각하고 머리를 써야 한다. 쌀 한 톨을 구하기 위해서 머리가 언제나 깨어있어야 하고 살 궁리를 해야 했다.

세월이 흘러가면서 사람들은 머리 쓰는 환경이 바뀌었다. 노예로 살거나, 전쟁터에 나간 사람들은 우두머리가 시키는 대로 살게 되었다. 머리 쓸 일이 점점 줄어드는 환경이 되었다. 노예는 시키는 대로, 군인은 싸움만 잘하면 되는 환경이 된 것이다. 자연적으로 머리가 쪼그라들었다. 현대 과학기술이 발달할수록 과학기술과 사회가 모든 것을 해결해 주니까 머리가 멍청해 지는 것이다.

유영모 함석헌은 "생각하라, 머리를 써라, 스스로 살아라, 밥을 줄여라, 알맞게 먹어라, 스스로 다 해보라"이런 얘기를 많이 했다. 요즈음은 머리와 얼굴이 작아야 미인이라는 시대가 되었다. 하지만 유영모 함석헌은 '생각이 나를 형성한다'고 했다. 어떤 생각을 하면 그것이 나를 형성하는 것이다. 나를 낳게 되는 것이다. 하버드 대학의 인지공학 교수가 말했듯이 '생각을 하면 생각이 뇌세포에 자극을 주고 뇌 회로를 결정' 한다. 좋은 생각은 좋은 생각의 뇌 회로를, 잡생각이나 나쁜 생각은 나쁜 뇌 회로를 만든다는 것이다.

나쁜 생각, 지저분한 생각을 자꾸 하게 되면 인간이 못 쓰게 된다. 좋은 생각, 건강한 생각을 하게 되면 그 사람은 깊고 높은 뇌 회로를 형성하게 되는 것이다. 유영모는 사람은 '생각하는 대로 된다'고했다. 생각은 뇌세포를 움직이고 뇌세포 사이클과 뇌 회로를 형성하게 된다. 스스로 생각하고 생각하라! 생각하는 대로 된다.

제6강

'가온 찍기'로 무등(無等)세상을 열다

다석
유영모

숨을 쉬는 숨결 속에 하나님이 계신다.

유영모 선생은 원래 성격이 고지식하고 진실하시다. 젊었을 때부터 철저하고 성실하게 살면서 진리를 탐구하셨다. 처음에는 정통 기독교인으로서 진리탐구를 시작했다. 그러다가 함께 신앙생활을 하던 두 살 아래의 아우가 죽고 동양철학을 공부하면서 기독교 교리나 울타리로부터 벗어나 자유로워지셨다. 기독교 신앙의 핵심을 가지면서도 그 울타리를 벗어나 보편적인 철학으로서 '하루살이 생명철학'을 확립했다.

50세 전후가 되어서는 자신에게 더욱 집중했다. 직접 체험하는 신앙에 들어가 숨에 집중했다. 숨은 모든 생명의 근원이다. '나'라고 하는 존재와 생명도 압축하고 압축하면 숨을 쉬는 것으로 귀결된다. 숨 쉬는 데서부터 내 삶이 시작되고 숨을 바로 쉬는데서 정신생활이 시작된다. 숨을 바로 쉬면 몸과 마음이 편안해진다. 단전(丹田)으로 숨을 제대로 쉬면 다이어트도 될 뿐 아니라 몸에 활력이 넘쳐난다.

숨을 편안하게 깊이 쉬면 나 자신이 편안해 질뿐만 아니라 나와 더불어 같이 있는 사람도 편안해진다. 거기서부터 생명평화운동이 시작된다. 숨부터 편안하게 쉬자! 인도철학이나 명상종교에서는 숨을 쉬는 숨결 속에 하나님이 계신다고 한다. 내가 숨 쉬는 숨결에 하나님이 계시고 그 숨결 속에서 하나님을 만나는 것이다. 창세기를 보더라도 하나님이 흙으로 사람 모습을 빚어놓고 사람의 코에다 하나님의 생기를 불어 넣으셨다고 했다.

유영모는 숨이 세 가지가 있다고 했다. 목으로 쉬는 '목숨', 생각과 말로 쉬는 '말숨', 위에 계신 하나님과 소통하는 '우숨'이 그것이다. 우숨은 위로 하나님의 영기(靈氣)를 숨 쉬는 것인데 '얼숨'이라고 한다. '우숨'은 세상일을 웃어넘기는 웃음과 통한다. 우숨을 쉬면 괴로운 일도 웃어넘길 수 있다. 유영모는 얼로 숨을 쉬는 얼숨에 대하여 깊이 생각했다. 저녁 어둠의 영성을 좋아하고, 복음적이고 은혜로운 믿음의 세계로 들어갔다. 숨과 저녁의 영성을 바탕으로 기독교 영성신앙에 들어간 것이다.

'나'라는 존재는 시간 속에서 숨 쉬는 하나의 점이다.

유영모는 자기 자신이 하나님 앞에서 작은 어린아이이며 자녀라는 깨달음에 이르렀다. 하나님의 어린자녀로서의 기쁨에 충만한 신앙체험을 하면서 기쁨이 넘치는 사람이 되었다. '가온 찍기'는 하나님의 어린자녀로서의 기쁨체험에서 나왔다. 하나님 앞에서 나는 아무것도 아닌 존재, 존재 없는 존재다. 그리고 하나님 앞에서 숨을 쉬는 '내'가 하나의 점밖에 안 된다는 것을 깨달았다. 위치만 있고, 존재가 없는 존재라는 사실을 깨달은 것이다. 이 깨달음은 그에게 큰 자유와 기쁨을 주었다. 강의를 할 때면 기쁨이 넘쳐서 춤을 너울너울 추기도 했다.

시간과 공간을 분석하면 자명하다. 시간이라는 것은 과거는 지나간 시간이고 미래는 아직 오지 않은 것이니까 있는 것은 이 순간밖에 없다. 이 순간밖에 없으니 시간은 점이다. 점은 위치만 있고 크기는 없다. 이 순간에 사는 '나'는 하나의 점이다. 하나님 앞에서는 점으로서의 내 생명의 실상이 드러난다. '나'라는 존재는 시간 속에서 숨 쉬는 하나의 점이다.

유영모는 열심히 살면 덕이 높아지고 수양이 깊어져서 자신의 존재를 쌓아 갈 줄 알았는데 그것이 터무니없는 생각이라는 것을 50세 무렵에 알게 되었다. 그때부터 유영모는 자신을 위해 무엇을 쌓으려고 하는 생각을 버렸다. 무한대의 시간과 공간 속에서 나는 숨 쉬는 하나의 점인데, 하나의 점인 나에게는 시간이라는 것이 아예 없는 것인데, 시간 속에서 무엇을 쌓아 올리는 것은 터무니없는 헛된 짓이다. 내게 주어진 시간은 이 순간의 점뿐인데, 이 점 위에 돈도 명예도 덕조차도 쌓을 수 없다. 이 점 위에 실을 수 있는 것만이 영원한 것이고 죽음을 넘어서도 남아 있는 것이다. 믿음, 사랑, 희망, 정의, 평화, 생명, 곧은 마음, 기쁨, 보람, 고마움을 이 점 위에 실을 수 있다.

과거는 지나가서 없어진 시간의 '시호(諡號)'다. 시호는 죽은 사람한테 붙여주는 호칭이다. 아직 오지 않은 미래는 시간의 '예호(豫號)'다. 예호는 아직 태어나지 않은 존재에 대해서 미리 붙여준 이름이다. 이제 그제 저제라고 할 때 '제'는 시간을 나타낸다. 이제는 이 때, 이 순간이다. 이 순간만이, 이제만이 나의 때이다. 나의 때인 '이제'에 서면 때를 나타내는 시(時), 시를 짓는다고 하는 시(詩), 옳음과 이것을 말하는 시(是)가 하나로 통한다. 그러니 지금 이제만이 어느 누구도 뺏을 수 없는 나의 시간, 나의 때이다.

유영모는 이 순간이 나의 때이기 때문에 순간이 기쁘고 신이 절로 났다. 이 순간의 삶에서 신명이 나고 저절로 시(詩)가 나온다. 유영모 함석헌 같은 시인이 없다. 유영모의 글이 어려운 것처럼 보이지만 그의 글은 시(詩)아닌 것이 없다. 모든 철학이 시다. 순간순간 생명의 기쁨을 누리고 절대적인 은총의 생명을 표현하니까 시가 될 수밖에 없다.

속의 속에서 하나님을 만나야 한다.

유영모는 이 순간의 한 점으로서의 삶으로 들어가기 위해서 가온찍기를 했다. 실제로 시간은 하나의 점이고, 숨 쉬고 있는 나도 하나의 점이다. 한 점으로서의 삶에 들어가기 위해서 온 우주를 하나의 점으로 모으고 내 마음의 허영과 교만을 한 점으로 만들어 그 한 점을 찍는 것이다. 물질의 세계와 시간과 공간이 끝없이 펼쳐져 있는 것처럼 보여, 사람의 마음이 부풀어 우주보다 더 커지게 된다. 탐욕과 편견과 교만, 분한 감정이 한없이 부풀어 있기 때문에 이 순간의 참의 세계로 들어가지 못한다. 그래서 마음을 한 점으로 모아 찍어야 한다.

유영모는 사람의 마음을 우주의 한 가운데로 봤다. 온 우주가 펼쳐져 있지만 우주의 가운데는 사람의 마음이다. 우주에서 가장 존귀하고 높은 것이 사람이다. 사람보다 높고 깊은 자리가 우주에 없다. 우주에서 가장 높고 귀한 자리인 마음이 우주의 가운데인데 그 가운데인 마음을 한 점으로 만들어서 확 찍음으로써 하늘의 가운데(진리)를 맞추는 것이다. 하나님의 품속으로 들어가는 것이다. 내 마음의 가운데를 찍어서 내 속의 속을 찍어서 들어가는 것이다. 내 속으로 들어가는 것이 참된 초월이며, 내 속으로 들어가면 들어갈수록 하나님께 가까이 나아갈 수 있다. 속의 속에서 하나님을 만나는 것이다.

우리는 가온지기가 되어야 한다.

가온찍기는 ㄱ을 써놓고 그 밑에·찍고 ㄴ을 써서 '긷'으로 표기했다. 여기서 ㄱ은 하늘의 기운이 밑으로 내려오는 것이고, ㄴ은 땅의 기운을 든든히 딛고 선 모습이다. 땅을 딛는 모든 발뒤꿈치의 형태는 ㄴ의 형태로 되어있다. 땅을 든든히 디딘 것이다. 우주 공간적으로 가온찍기는 하늘의 기운이 내려오고 땅의 기운이 올라가는 '가운데'로 들어가는 것이다. 시간적으로 가온찍기는 '가온'즉 가고 가는, 오고 오는 영원한 시간의 '가운데'를 붙잡는 것이다. 시간과 생명의 가운데를 한 점으로 찍어서 영원한 생명으로 들어간다.

가온찍기는 두 가지 의미를 지닌다. 가운데 중심을 찍는다는 의미가 하나 있고 다른 하나는 가운데의 중심을 지킨다는 의미가 있다. 이것을 나타내기 위해서 유영모는 가온찍기를 '가온지기', '가온직기', '가온찌기', '가온짓기'로도 썼다. '지기'는 청지기, 창고지기처럼 무엇을 지키고 관리하는 것을 나타낸다. '가온지기'는 가운데를 지키는 사람이다. '가운데', '중도(中道)'를 지키는 사람이 있으면 어느 모임이나 단체나 중심이 잡히고 가운데 길이 열린다.

'가운데'를 지키려면 물질에 대한 집착이나 사심(私心)에서 벗어나야 한다. 숨을 쉬는 한 점으로서의 '나'는 사심이 없고 모든 물질이나 대상에 대한 집착에서 벗어날 수 있다. 무엇이든 집착하면 우상이 된다

우상숭배는 사람으로서 할 짓이 아니다. 사실 우상숭배는 자기숭배다. 사물에 대한 집착도 자기 욕심에서 나오기 때문이다. 결국 우상은 자기자신이다. 자기 자신에 대한 집착과 매어 있음 자체가 우상숭배가 된다. 파사(破私), 자기를 깨뜨려야 한다. "목숨은 썩는 거야. 그러나 말씀은 빛나는 거야… 빛이 날라면 깨야지, 깨져야지, 죽어야지."깨어나야 사람 노릇 하고 빛이 나는데, 깨어나려면 깨져야 하고 깨지려면 죽어야 한다.

욕심과 두려움에 사로잡힌 자아를 깨뜨리고 가운데를 지키는 사람이 나라의 주인과 주체가 될 수 있다. 사사로운 내가 깨지고 살아난 나가 '참된 나' 다. 유영모 함석헌은 나도 너도 그도 다 '나'라고 하며 참된 나로서 일어서는 것이 '나라'라고 했다. 씨알들이, 민중들이 다 일어서서 내가 '나다' 라고 주체로 일어서는 것이 민주(民主)의 나라(國)다. 독재는 독재자 혼자서만 일어서는 것이고 민주는 모든 민(民)들이'나다!,' 내가 주인이다!'하고 하늘을 향해서 일어서는 것이다. 그렇게 모두 일어서면 그것이 민주시대의 나라이다.

유영모는 속으로 파고들어 위로 솟아오르는 가온찍기 철학을 세웠다. 점을 찍어서 속으로 깊이 들어가는 것과 동시에 솟아올라서 앞으로 나가는 것을 끊임없이 반복한다. 속으로 들어가는 내재와 하나님을 향하여 솟아올라서 앞으로 나아가는 초월이 일치한다. 모든 존재의 속의 속이며, 모든 존재의 전체를 아우르는 하나님은 사랑과 정의로 경험되고 표현될 수밖에 없으며, 하나님의 존재 또한 사랑과 정의가 핵심이다. 가온찍기를 하는 자리는 사랑과 정의의 자리이며 점을 찍음으로써 사랑과 정의의 세계로 들어간다.

인생의 목적은 긋을 보는 것이다.

유영모는 “나는 숨 쉬는 하나의 점”이라고 했다. 한 점으로서의 ‘나’는 ‘영원한 생명의 끄트머리’이다. 유영모는 이 끄트머리를 ‘긋’이라고 했다. 우리말에서 끗발이 좋다, 끝수가 좋다고 하는데 긋은 여기서 왔다. 나는 영원한 생명의 끄트머리, 긋이다. 인격이나 얼의 긋에는 이름을 붙일수가 없다.

가온찍기를 하고 자신이 한 점, 한 긋임을 아는 사람에게는 이름이란 아무 쓸데가 없는 것이다. 사람의 이름, 모양, 지위, 업적은 다 잊어버리고 그 사람의 생명과 존재 속에서 드러난 긋, 참 생명의 긋, 인격의 긋, 알맹이인 긋을 보고 긋을 알면 된다. 인생의 목적이 바로 긋을 드러내고 긋을 알자는 것이다. 유영모, 함석헌, 제정구라는 이름이 중요하지 않다. 유영모가 드러내려고 했던 긋, 제정구만이 드러냈던 긋이 있다.

사람이 죽은 다음에도 그 사람의 긋은 살아 있다. 사람이 죽고 난 다음에 그 사람을 기억할 때 그 사람의 얼굴과 표정과 웃음 속에서 그 속에 들어있는 전체생명의 얼, 긋을 보고 그리워하는 것이다. 긋이라는 것은 사물처럼 존재하는 것이 아니고 소유할 수 있는 것도 아니다. 끊임없이 숨을 바르게 쉬고 나를 불태워서 끊임없이 나의 긋을 살려 나아가야 한다.

가온찍기로 평등세상, 민중세상이 온다.

유영모의 가온찍기는 꿋꿋한 실천으로 이어진다. 디귿(ㄷ)이란 글자는 땅바닥을 꾹꾹 눌러서 실천하는 것을 나타낸다. 유영모는 "디귿 디귿 실천해 나가야 한다"고 했다. 가온찍기는 역사와 사회의 바닥에서 신의 사랑과 정의를 실천하기 위한 준비다.

가온찍기로 하나의 점이 되면 아무하고도 걸림이 없다. 다툴 필요가 없게 된다. 누구든지 용서할 수 있고, 누구와도 더불어 살 수 있다. 그래서 가온찍기를 하면 평등세상과 민중세상이 온다. 진정한 민주주의는 종교적인 경지까지 가지 않으면 안 된다. 민(民)이 남한테 의존하지 않고 남과 더불어 살려면 자신에게서 해방되어 하늘을 향해 곧게 설 수 있어야 한다. 하늘을 향해 곧게 서서 하늘을 향해 솟아오르려면, 하늘을 향한 믿음이 있어야 한다. 가온찍기를 한 사람만이 하늘을 향해 곧게 서고 하늘을 향해 솟아오를 수 있다. 그래야 남의 심정과 처지를 알아서 남을 용서할 수 있고, 남을 품어줄 수 있다.

빈민운동도 권리투쟁만 하면 평등세상으로 갈 수 없다. 권리의 차원에서 보면 남에게 요구하고, 남과 시비가 생기고, 나의 권리와 남의 권리가 충돌하게 된다. 나의 자유와 남의 자유가 충돌하고, 나의 평등과 남의 평등이 충돌한다. 그러니 권리투쟁만으로는 민주세상이 이루어질 수 없다. 내 이익과 권한을 쟁취해서 권리를 누리자는 데 그치면, 자기 자신에게 머물고 만다. 자기 자신에게 달라붙은 사람은 자기해방을 이룰 수도 없고, 남에 대한 관심과 사랑이 약해지고, 더불어 사는 공동체 세상을 꿈꾸기 어렵다. 자신의 권리투쟁에 머물러서는 가난한 사람들이 중심에 서는 자유평등 세상이 이루어질 수 없다.

의식주(衣食住), 먹고 입고 자는 것은 권리의 문제가 아니라 생존의 조건이다. 주거권이나 교육권은 쟁취의 대상이 아니라 생존의 기본조건으로서 국가가 당연히 마련하고 보장해야 한다. 국민의 생존조건을 마련하지 않는 국가는 더 이상 국가가 아니다. 국민의 생존조건을 마련하지 않는 것은 국가의 직무유기다. 국민의 행복한 삶을 보장한 헌법의 기본정신을 짓밟은 것이다.

삶의 기본조건을 파괴하고 유린하는 사람들은 사랑과 정의를 부정하고 사람의 마땅한 도리와 상식을 저버리고 자신들과 타인들을 짐승보다 못한 삶 속에 빠트린다. 싸움을 한다면 예수처럼 사람다운 삶, 사랑과 정의로 더불어 사는 삶, 기쁨과 은혜로 가득한 공동체 세상을 이루는 하늘나라 운동을 위한 싸움을 해야 한다. 싸움의 목표와 동기가 권리투쟁보다는 더 깊고 높아야 한다. 싸움을 한다면 나라의 방향이나 삶의 질에 관한 문제를 놓고 싸워야 한다. 그 싸움도 국민이 스스로 각성하여 자기 결정을 해가는 방향으로 이루어져야 한다.

서양의 정치사는 끊임없는 권리투쟁의 역사다. 끊임없이 계급투쟁, 정치투쟁, 권리투쟁을 통해 권리를 쟁취해왔기 때문에 권리를 뜻하는 말(Right)이 법(Rights)과 정의(Righteousness)를 함께 나타내게 되었다. 권리를 보호하기 위해 법이 만들어졌고 권리를 지키는 것이 정의가 되었다. 서양의 정치철학은 철저히 권리에 근거한 것이다. 권리에 기초한 정치철학으로는 자유와 평등의 나라를 세울 수 없다. 권리투쟁에만 머물면 갈등과 충돌에서 벗어날 수 없다. 권리를 최고의 가치로 여기는 사회에는 개인과 집단의 자아로부터 벗어날 수 있는 출구가 없다. 자아로부터 벗어나야 은혜와 기쁨이 넘치는 삶이 열리고 자유와 평등과 사랑의 나라가 시작된다.

유영모의 가온찍기나 불교철학은 권리가 목적이 아니다. 불교에서는 '내'가 없다고 하는데 무슨 권리가 있겠는가. 가온찍기를 했는데 무슨 권리가 있겠는가. 가온찍기는 긋만 있기 때문에 자유로운 평등세상이다. 예수의 복음은 권리 이전의 삶으로의 초대이다. 겉옷을 달라면 속옷까지 주고 왼뺨을 때리면 오른 뺨도 돌려대고, 오리(五里)를 가자면 십리(十里)를 가고, 보복하지 말고 원수를 사랑하라고 한 것은 권리 이전의 삶을 살라는 것이다. 인생은 권리에 앞서 절대 의무와 사명을 가진 것이다. 살라는 명령과 허락을 하늘로부터 받은 것이다. 삶은 조건 없이 살아야 하는 것이고 한없는 기쁨과 은혜로 살도록 허락된 것이다. "너희 가난한 사람들은 복이 있다. 하나님의 나라가 너희의 것이다."(루가 6,20)

점심, 마음의 점찍기다.

유영모는 한글철학과 십자가를 가온찍기 철학으로 결합시켰다. 십자가는 열십자(十)인데 가운데 점이 있다. 한글 모음의 기본음이 · ㅡ ㅣ 다. 아래아 ·자는 하늘을 나타낸다. ㅡ 는 땅을 나타내고, ㅣ는 사람을 나타낸다. 한글 기본음이 천지인 합일을 나타내는데 이것이 바로 가온찍기다. 가로 가는 땅의 세계(ㅡ)를 곧이곧게 믿음으로 사람(ㅣ)이 뚫고 올라가서 하늘의 가운데를 찍는 것(·)이 가온찍기다. 한글 기본모음 · ㅡ ㅣ를 겹쳐 놓으면 십자가(十)가 된다. 한글 기본모음과 십자가는 하늘과 땅과 인간이 하나로 꿰뚫어지는 자리를 나타낸다. 하늘과 인간과 땅의 가운데를 한 점으로 찍는 것이다. 하늘과 땅과 인간이 하나로 만나는 자리가 사람의 마음이다. 마음 가운데를 한 점으로 찍으면 그 끝은 일점영명(一點靈明), 우주의 켜진 하나의 불꽃이다.

가온찍기는 선불교하고 참으로 흡사하다. 덕산은 중국 선불교의 유명한 선승이다. 덕산은 본래 북쪽에서 경전공부를 깊이 한 학승이었다. 남쪽의 선승들이 경전공부는 안 하고 선문답만 한다는 소리를 듣고 남쪽의 무식한 중들을 가르쳐 주겠다고 남쪽으로 갔다. 덕산 스님이 남쪽 선승들에게 가는 도중 떡 파는 할머니와 점심(點心)을 놓고 벌인 얘기는 유명하다. 점심이라는 말은 선불교에서 나왔다. 점심은 마음의 점을 찍는다는 말이다. 마음의 점을 찍듯이 가볍게 낮에 밥을 먹는다는 뜻이다. 떡 파는 할머니가 점심으로 떡을 얻어먹으려는 덕산에게 "과거의 마음도 없고, 현재의 마음도 없고, 미래의 마음도 없다 하는데 스님은 어느 마음에 점을 찍으시겠소."하고 물었다. 이 물음에 불경공부를 많이 한 스님이 대답을 못하고, 떡을 얻어먹기는커녕 줄행랑을 쳤다는 일화가 있다. 덕산은 후에 유명한 선승이 되었고, 이 이야기는 선불교의 중요한 화두가 되었다.

어느 젊은 스님이 만공 선승한테 "무슨 말로 대답해야 떡 장수 할머니에게 떡을 얻어먹을 수 있느냐?"고 물었다. 그랬더니 만공이 "이미 점을 찍었다."고 대답했다. 그러나 젊은 스님이 그것은 답이 아니라고 말하니 만공은 7일 동안 밤낮을 자지도 먹지도 않고 생각했다. 그런 다음 "점 위에 점을 찍었다"고 말했다. 이 대답은 가온찍기와 비슷하다. 유영모 함석헌과 선불교는 비슷한 면이 많다. 그러나 선불교는 말을 끊어버리고 생각을 하지 말라고 하는데 비해 유영모 함석헌은 침묵도 있지만, 끊임없이 생각하고 말속에서 깊은 진리를 끌어낸다.

가온과 비움은 상통한다.

가온찍기는 권리를 버려야 한다는 오해가 있다. 사실 농촌현실에서 살다보면 일상에서 부딪히는 권리문제로 다툼이 많다. 전북 장수의 어느 스님이 자신의 화두는 비움이라고 했다. 그러나 곰곰이 생각해보면 현실에서의 권리와 비움이라는 화두는 오히려 삶에서 허탈감을 갖게 하기도 한다. 가온과 비움이 서로 상통한다는 느낌이 있지만 현실에서의 권리문제는 또 다른 문제로 여겨진다.

권리문제에 대하여 예수처럼 아주 분명한 입장을 취한이가 없다. 예수는 탈 권리를 말했다. 권리를 뛰어 넘거나 권리 이전의 삶을 살아야 한다고 했다. 예수는 오리 가자고 하면 십리를 가라. 오른 뺨을 때리면 왼쪽 뺨을 들이대라. 겉옷을 달라면 속옷까지 주라고 했다. 하나같이 권리부정의 복음을 말한 것이다. 그러나 예수는 권리를 박탈당한 사람들의 상태를 온존시키는 그런 입장에 서지는 않았다. 탈권리를 말함으로써 삶의 권리를 뚜렷이 드러냈다. 삶의 근본적인 변화를 추구했다. 꼴찌가 첫째 되고 가난한 자들이 중심에 서는 세상, 불의한 세상이 뒤집어지고 새롭게 되는 하나님 나라를 이루려고 했다.

하나님 앞에서의 삶은 권리 이전의 삶이다. 권리가 있다거나 없다거나 우리의 삶은 이미 하나님으로부터 허락된 삶이고, 권리가 있거나 없거나 반드시 살아야 할 엄숙한 것이다. 생명(生命)은 '살라!'는 절대명령이다. 인생은 살까 말까 선택할 수 있는 것이 아니라 조건 없이 살아야 할 사명을 가진 것이다. 어떤 권리가 확보되어야 사는 것은 아니다. 삶은 권리 이전의 생명이다. 정의는 짓밟힌 권리를 회복시키는 것이다. 그렇지만 권리를 회복시키는 방식에서 권리자체에 매어 있으면 서로가 구원에 이르지 못한다. 누가 불의를 당했으면 당한 사람의 자리에서 사랑과 정의를 실현해야 하지만 이해관계로 권리자체에 매이면 상대방을 끌어안는 자유롭고 평등하고 평화로운 세계가 열리지 않는다. 권리가 있는 사람은 살고 권리가 없는 사람은 죽어야 하는가? 권리를 뺏긴 사람이 권리를 찾으면 끝나는 것인가? 가난한 사람이 부자가 되면 다 이룬 것인가? 예수가 권리를 주장할 수 없는 창녀와 세리의 편에서 살았던 것은, 권리이전의 권리보다 높은 자유와 복음을 분명히 보셨기 때문이다.

자기 꼴을 보고 자신을 느껴야 한다.

유영모의 수행법은 '몸성히'부터 시작한다. 자기를 내세우지 않고 겸허하게 날마다 하루살이 생활을 했다. 가온찍기는 갑자기 단번에 깨닫는 돈오(頓悟)이고 하루살이는 점차 한 걸음씩 꾸준히 수양해가는 점수(漸修)다. 유영모가 가온찍기를 정면에 내세운 것은 돈오를 강조한 것이고 하루살이를 실천한 것은 점수를 실행한 것이다. 돈오점수는 같이

가는 것이다. 분리되면 안 된다. 날마다 가온찍기를 하면서 단번에 깨닫고, 순간순간 몸성히 생명줄을 붙잡고 이어가라는 것이다. 유영모가 다 깨닫고 다 알고 아무 염려 없이 되는 대로 마음 편히 살았다고 생각하기 쉬운데 그것은 오해다. 유영모는 모름을 지키는 삶을 살았다. 순간순간 깜깜한 세계에서 아무것도 정해진 것이 없이 모르는 세계를 향해 어린 이처럼 한 걸음 한 걸음 나아가면서, 신념을 놓지 않고 매일 숨 쉬면서 숨 줄을 쥐고 숨을 타고 가듯이 살았다. 모르기 때문에 겸손하게 아는 것을 붙잡고 조심조심 살아갔다.

제정구기념사업회도 그렇다. 제정구만 추모하고 드러내면 의미 없다. 회고만 하면 앞으로 나가지 못한다. 제정구가 시대정신을 읽고 느껴 20년이 넘도록 빈민운동을 했듯이, 지금 우리가 시대를 읽고 느껴서 자기 꼴을 분명히 보고 느껴서 나아가야 한다. 그러면서 순간순간 진실하게 살아야 한다. 사랑과 정의는 구체적인 것이다. 하나의 점에 불과한 내가 세상 모든 일을 다 할 수 없다. 나의 자리에서 내가 할 수 있는 일을 또박또박 힘껏 하는 것이 평화롭고 정의롭게 사는 것이다.

씨알공동체에서도 '순간순간의 진실'을 이야기 하고 있는데 순간의 삶의 진실을 알려면 먼저 자기 꼴을 분명히 보아야 한다. 불교에서 깨달음을 견성(見性)이라 한다. 견성은 자기 꼴을 보는 것이다. 자기 꼴을 보기 위해서 먹지도, 자지도 않고 명상을 한다. 그래도 자기 꼴을 못 본다고 했다. 제 꼴을 모르는데 어떻게 내 앞에 있는 사람을 알 수 있겠는가.

안다고 하면 모르는 것이요 모르는 줄 알아야 알 수 있는 길이 열린다. 모르는 가운데 제 꼴을 보고 남을 알아야 제 살림을 힘차게 살 수 있다.

산꼭대기, 모든 것을 버리고 하나의 점에 이른 것이다.

속으로 들어가서 끊임없이 자기를 깨닫고 성찰해 가다보면 오히려 심리적으로 왜소해지고 자책감에 빠지는 경우를 경험하게 된다. 이런 경우는 가온찍기를 해서 없음과 비움까지 가야하고 번민이나 감정까지 찍어서 점으로 없애야 한다. 번민과 감정에 매이지 않고 번민과 감정을 놔줘야 한다. 유영모는 '마음속에서 없음을 실감한다'면서 마음에 '없음'이 있으니까 아주 좋다고 했다. 없음과 비움에서 하나님을 만난다고 믿었다. 번민과 감정을 놔주고 비워야 없음에 이르고 없음에서 하나님을 만나는 것이다.

지리산 정상에 오르면서 체험했지만 산꼭대기에 오르는 순간 그 감동과 더불어 "이것이 가온찍기로구나!"하고 느꼈다. 사실 가온찍기를 일상에서 어떻게 실천하는가가 중요하다. 만나는 사람들을 예수님으로 생각하고 대접하다보면 이것이 하늘을 향해 사는 것이 아닌가하고 느낄 때가 많다. 실제로 산꼭대기는 모든 것을 버리고 한 점이 되는 것이다. 유영모 함석헌도 산꼭대기를 그렇게 봤다. 모든 것을 가지려 하지않고, 산중턱에 있는 것을 다 버리고 한 점으로 올라가야 산꼭대기가 되는 것이다. 꼭대기 하나의 점이 바로 얼이고 정신이다. 원래 얼은 꼭대기의 점이고, 송곳처럼 날카로운 것이다.

정신과 인격은 통일된 초점이 있어야 생명력을 가진다. 가온찍기를 해서 하나의 초점에 이를 때 비로소 얼과 인격이 살아난다. 내적인 통일이 없으면 인격이 없는 것이다. 그래서 가온찍기를 해서 마음의 통일된 초점을 얻고 지금 여기서 산 인격과 정신이 되자는 것이다.

가온찍기의 철학은 우리 자신의 철학이다. 이제 이 순간 늘 새롭게 가온찍기를 하기 때문에 결정론은 부정된다. 결정된 것도 완성된 것도 없다. 유영모의 사상과 철학도 완성된 것이 아니다. 모든 일은 지금 여기서 새롭게 시작되어야 한다. 우리가 유영모를 공부하고 있지만 우리의 삶은 우리가 살아야 한다. 유영모, 함석헌, 제정구를 기념할 일이 아니라 우리가 우리의 살림을 살아야 한다. 그러기 위해서 내 삶의 가운데, 맘의 가운데를 찍고 솟아올라 앞으로 나가는 것이다.

제7강

생각 : 존재의 끝을 불사르며 위로 오르다

다석
유영모

유영모, '생각'을 진지하게 받아들이다.

유영모는 서양 근대철학의 아버지라고 불리는 데카르트를 아주 이례적으로 진지하게 받아들였다. 서양 근대철학과 과학철학의 원조라고 할 수 있는 데카르트를 동양철학자 가운데 이렇게 진지하게 받아들인 사람이 없다. 유영모는 데카르트의 '나는 생각한다. 그러므로 나는 존재한다.' 라는 명제를 받아들여 '생각'을 화두로 삼아 평생을 살았다. 또 생각'을 중심으로 자기철학을 형성하였다.

함석헌은 '생각하는 백성이라야 산다.'고했다. '생각하는 백성이라야 산다. 생각하는 씨알이라야 산다.' 이런 말은 우연하게 나온 말도 아니고 쉽게 받아들여지는 말도 아니다. 일본이나 중국에서도 생각은 삶과 실천에서 분리된 관념과 사변의 세계에 속하는 것으로 여긴다. 생각을 많이 하면 삶과 실천에서 멀어진다고 여기기 쉽다. 서양철학 특히 데카르트에게서도 생각의 세계와 현실존재의 세계는 엄격히 분리되어 있다. 그러나 유영모는 데카르트의 '생각'을 진지하게 받아들이고 '생각'을 생명과 존재를 형성하는 행위로 보는 새로운 철학을 만들었다. 이점이 신통하고 놀라운 일이다. 우리의 동학도 중요한 생명철학이지만 주문을 외우거나 부적을 쓰거나 하여 '생각'을 중심에 두지는 않았다.

데카르트의 '생각' 과 유영모의 '생각' 은 그 내용이 다를 뿐 아니라, 접근하는 방법이 다르다. 중세까지는 하늘이 지구를 중심으로 돌아가고 있다고 생각했다. 하늘의 해와 달과 별이 지구를 돌고 있다고 생각했는데, 눈으로 보아도 그렇다. 해가 동에서 뜨고 서로 지며 움직이는 것이 눈으로 보인다. 그래서 눈으로 확인할 수 있는 정확한 진리라고 생각했다. 창세기를 보더라도 하나님이 땅을 비추기 위해 해와 달을 만들었다고 했다. 지구를 중심으로 세상을 만든 것이므로 해가 지구 주위를 돌고 있다는 것은 변할 수 없는 진리로 봤다.

그런데 코페르니쿠스가 태양의 둘레를 지구가 돌고 있다는 것을 알아챘다. 훗날 갈릴레오가 지구가 돌아간다고 하니까 가톨릭 교황청과 사회의 지식층으로부터 맹비난이 쏟아졌다. 하나님의 창조질서를 혼란시키는 놈이라고 종교재판을 했다. 데카르트 철학은 이런 상황에서 나왔다. 상식적으로 눈으로 보고 느끼는 것이 잘못된 것일 수 있다. 감각적 지식과 과학적 지식이 충돌하고 대립한다. 과학의 지식으로는 지구가 돌아가는데 눈으로 보기에는 해가 돌아간다. 눈에 보이는 상식과 감각적 지식을 넘어서 의심할 수 없는 확실한 지식, 과학적 진리에 이르려고 했다. 눈으로 보는 것은 믿을 수가 없고, 진리의 세계를 구축할 수 없다며 모든 것을 의심했다.

'방법적 회의(懷疑)'라고 해서 의심할 수 있는 것은 다 의심했다. 의심할 수 없는 뭔가를 찾기 위해서 의심을 했다. 의심할 수 없는 진리가 있어야 그 진리에 근거해서 진리의 체계를 세울 수 있으니까 의심을 거듭했다. 그리하여 세상에 존재하는 모든 것을 의심하게 되었다. 그러다가 데카르트는 마지막에 '나는 생각한다. 그러므로 나는 존재한다.'는 결론에 이르렀다. 내가 생각하고 있는 사실로 미루어 내가 존재한다는 사실을 확인할 수 있었다. 이것은 의심할 수 없다고 했다.

데카르트는 '내가 생각한다.'는 사실에서 '내가 존재한다.'는 사실에 이르고 '내가 존재한다.'는 사실에 근거해서 다른 삼라만상의 존재를 긍정할 수 있었다. 그러나 내가 생각하는 것과 내가 존재하는 것은 전혀 다른 세계에 속한다. 그래서 데카르트의 '생각'은 존재의 세계가 아니라 관념의 세계에 속한다. 존재의 세계와 관념의 세계는 서로 단절되어 있다. 데카르트는 내가 생각하고 있다는 그 사실에서 '생각하는 주체'인 내가 존재한다는 사실을 확인할 뿐이다.

'생각'은 자기를 불살라서 올라가는 것이다.

데카르트는 생각함으로써 존재하는 세계의 내용과 법칙을 알려고 했다. 데카르트는 자연세계의 본성과 원리를 알면 그것을 지배하고 이용할 수 있다고 했으며, 그것을 소유하고 내가 그것의 주인이 될 수 있다고 했다. 자연세계를 소유하고 지배하고 이용하면 인간은 풍요로워지고 행복해질 수 있다고 했다. 생각과 지식에 의해서 자연의 물질세계를 지배하고 소유하고 정복하는 것이다. 생각해서 지식을 쌓는 것은, 무엇을 안다고 하는 것은, 지배하고 정복하는 것이다. 그러면 인간의 삶은 풍요롭고 행복해진다는 것이다. 이렇게 데카르트 철학은 자연의 정복으로 귀결되었다.

이와는 달리 유영모는 생각하는 것 자체가 나의 존재라고 봤다. 생각하는 행위자체가 나를 형성하고 창조한다. 외부에 물질적으로 있는 해와 달은 참으로 있는 것은 아니라고 했다. 데카르트는 해와 달이 있다는 것을 증명하기 위해서 회의(懷疑)를 하고, 자연과학을 연구하기 위해서 '나는 생각한다. 그러므로 나는 존재한다.'라는 명제를 낸 것이다. 유영모는 거꾸로 객관적인 사물의 세계는 있을 수도 있고 없을 수도 있으며 있다가도 없고 없다가도 있는 것이므로 정말 있는 것은 아니라고 봤다. 정말 있는 것은 지금 생각하고 있는 내가 있을 뿐이다. 생각하는 행위에 의해서만 내가 있는 것이다. 살아서 존재하는 모든 것의 속에는 생각하고 의식하는 주체가 있고 이 주체가 존재하는 한에서만 우주만물과 생명제는 존재한다. 생각하고 숨 쉬는'나'는 생각하고 숨 쉬는 한에는 확실하게 있는 것이다. 생각하고 숨 쉬는 '나'가 없으면, 나의 존재도 없고 다른 존재가 있는지 없는지 알 수도 없다.

유영모는 '생각'을 통해서 내가 생성된다고 했다. 생각으로 내가 생겨나는 것이다. 인격이나 양심을 지닌 '나'가 늘 있는 것이 아니다. 탐욕과 편견과 두려움에서 벗어날 때만 인격과 양심이 살아난다. 생각은 탐욕과 편견과 두려움에 사로잡힌 '내 존재'를 불사르면서 하나님을 그리워하고 하나님과 연락하고 소통하는 것이다. 하나님에 대한 사랑 속에서만 내가 타오를 수 있고, 내가 불타오르는 것이 생각이다. 내가 하나님에 대한 사랑으로 불타오를 때만 인격과 양심을 가진 '나'는 존재한다. 우리말에 상사병(相思病)이라는 말이 있다. 상사병은 사랑병이다. 사랑병은 서로 생각하는 병이다.

나를 낳는 행위, 나를 형성하는 생각이 참된 존재다. 제정구기념사업회도 제정구의 정신과 생각이 없다면 제정구기념사회업회가 존재한다고 할 수도 없다. 예수와 하나님의 생각이 없으면 기독교와 교회는 없는 것이다. 내가 아내를 생각하고 남편을 생각하고 자식을 생각하니까 가족이 존재하는 것이다. 생각이 없으면 부모자식관계도 없고 부부관계도 없고 그러면 가족이 없는 것이다.

생각은 우리나라 말이지만 날 생(生), 깨달을 각(覺)으로 한자로 쓰기도 했다. 생각은 생명의 각성이다. 유영모는 생각을 생명의 각성(生覺)으로 보았다. 생각은 서로 그리워하는 것이다. 그리움 속에서, 사랑 속에서 불타오르는 것이다. 사랑의 대상을 하나님이라고 생각하면 신학이 나오고 영성이 나온다. 서양언어에서의 생각은 궁리하고 추리하는 것이다. 따라서 유영모의 생각개념과는 전혀 다른 것이다. 유영모의 '생각'은 생명의 행위이며 영적행위다. 생각이 생명과 존재를 형성하는 행위다. 동경대에서 철학을 가르쳤던 오가와 하루히사 교수가 생각에 대한 유영모의 말을 듣고 막다른 골목에 이른 서양철학의 돌파구가 될 새로운 철학이라고 감탄했다.

유영모의 '생각'은 자기를 불살라서 올라가는 것이다. 하나님을 그리워하여 위로 자꾸 솟아 올라가는 것이다. 생각에는 두 가지가 있다. 내 고개를 들고 자꾸 올라가서 나를 살리는 생각이 있다. 그런데 근심걱정과 같이 고개를 수그려 트리고 나를 죽이는 생각도 있다. '나'를 죽이는 생각은 썩은 졸개들이 하는 생각이다.

위로 올라간 사람은 옳은 사람이 되는 것이다.

데카르트를 서구 근대철학의 아버지라고 했는데 근대철학에서 계몽주의가 나왔다. 이성철학이다. 계몽철학은 무지몽매한 사람을 이성적으로 일깨우는 것이다. 칸트가 아주 잘 정의를 내렸다. 칸트의 계몽은 자기 이성을 남의 도움을 받지 않고 스스로 사용할 수 있도록 성숙하게 하는 것이다. 자기 이성을 스스로 사용할 수 없는 미성숙한 존재를 남의 도움 없이 자기 이성을 쓸 수 있는 성숙한 존재로 만드는 것이다. 제 머리를 제가 쓸 수 있으면 성숙한 것이다.

유영모가 말하는 성숙은 서구철학의 성숙 개념과 다르다. 제 머리를 제가 굴릴 수 있어도 내가 탐욕과 어리석음과 분노에 사로잡혀 있으면 잔머리를 굴려봤자 어린애다. 편견에 사로잡혀 있거나 죽음에 대한 두려움에 사로 잡혀 있으면, 전혀 사람구실을 못하고 오줌똥을 가리지 못하는 인간이 된다는 것이다. 유영모는 성숙한 인간을 세 가지로 보았다. 첫째 탐욕과 어리석음과 분노를 극복할 수 있는 존재다. 둘째 제 지식과 편견에 매어 있지 않는 존재다. 셋째는 생사의 두려움에서 벗어난 존재다.

생각한다는 것은 끊임없이 하나님께로 나아가는 것이다. 성숙한 사람이 된다는 것은 나를 불태워 올라가는 것이다. 나를 불태워서 위로 올라가는 것이 선(善)이다. 이것이 정의이고 옳은 것이다. 하나님을 향해서, 하늘을 향해서 오름이 옳음이다. 내가 나를 이기고 위로 올라가면 옳은 사람, 성숙한 사람이 되는 것이다. 자기를 극복한 사람은 언제 어느 자리에 있든지 옳은 사람이 될 것이다.

하나님을 그리워하고 하나님을 알고 싶어서 위로 올라가는 사람은 만물의 변화를 깨달아 알게 된다. 신을 탐구하려고 위로 올라가면 올라갈수록 만물의 변화를 알게 된다. 이것을 궁신지화(窮神知化)라고 한다. 신을 탐구함으로써 만물의 변화를 알게 된다. 신을 생각함으로써 나는 땅에서 하늘로 올라간다. 지심(地心)에서 물심(物心)을 거쳐서 인심(人心)에 이르고, 또 인심(人心)을 거쳐서 도심(道心)에 이르고 천심(天心)에 이른다. 마음에 있는 지심, 물심, 인심, 도심, 천심을 타고 올라가는 과정이 궁신(窮神)이다.

내가 생각해서 지금 위로 올라가는 것은 수십 억년동안의 생명진화 과정을 되풀이하는 것이다. 생명진화는 땅의 물질로부터 하늘의 영으로 올라가는 과정이다. 밑바닥에 기어 다니는 벌레같은 존재들이 조금씩 올라가서 물고기가 되고, 새가 되고 자꾸 올라가면 개나 소가 되고, 더 올라가면 영장류가 되고 더 올라가면 사람이 된다. 유영모 함석헌은 생명진화과정이 이렇게 올라가는 것임을 명확하게 인식했다.

유영모는 인간의 궁신지화가 생명진화과정을 되풀이하는 것뿐만 아니라 생명진화과정을 이어서 완성하는 것으로 생각했다. 사람 안에서 비로소 수십 억년동안의 생명진화과정이 완성되는 것이다. 서양에서는 인간이 자연과 우주를 지배하고 정복하는 인간중심적인 생각을 해왔다. 이에 대한 반동으로 최근에는 인간중심적 사고를 부정하고, 인간도 만물의 하나 생명세계의 일부라는 주장을 내세운다. 사람이나 별이나 흙이나 벌레나 다른 짐승도 다 똑같다는 것이다. 그러나 유영모와 함석헌은 사람 안에서 우주만물이 완성되고 목적에 이른다고 보았다. 성경에서도 천지만물이 허무와 썩어짐의 종살이에서 벗어나기 위해서 하나님의 아들들이 나타나기를 고대한다고 하였다. 하나님의 아들들의 삶 속에서 천지만물도 비로소 자유롭게 되고 의미가 있고 완성된다.(로마 8,19~22) 우주만물이 사람의 삶을 통해 영원한 생명으로 들어가는 것이다. 하늘마음(天心)으로 들어가면 영원한 생명으로 들어가는 것이다. 물심으로만 있으면 영원한 생명에 이르지 못한다.

사람은 모름지기 모름(하나님)을 지켜야 한다.

다석은 '모름지기'를 말했다. 모름지기는 '반드시, 꼭'이라는 말인데 유영모는 모름지기를 '모름을 지킴'으로 풀이했다. '생각'하는 것은 하나님을 생각하는 것이다. 하나님께 올라가는 것이다. 하나님은 하나다. 인생이 무엇인가. 하나로 돌아가는 것(歸一)이다. 그런데 '하나'는 생각할 수 없는 것, 생각 속에 안 들어오는 것이다. 분석의 대상이 되지 않는다. 전체의 하나는 모든 것을 초월하는 절대의 하나이다. 그래서 다석은 하나'는 깜깜한 '모름'의 세계라고 했다.

유영모는 이 깜깜한 모름의 세계를 지켜야 한다고 했다. 모름의 세계를 지키는 것이 모름지기다. 생각과 말이 중요하지만 사람은 반드시 모름지기 모름을 지켜야 한다. 모름을 지킬 때 내가 나일 수 있고, 아는 것을 알고 모르는 것을 모르는 줄 알게 된다. 모름을 지키지 못하면 앎과 모름이 뒤섞여서 제가 무엇을 알고 무엇을 모르는지 모르게 된다. 모름을 제대로 지킬 때만 아는 것을 제대로 지킬 수 있다. 모름을 지킬 때만 우리가 서로 신뢰를 할 수 있다. 반드시 자기 자신을 지킬 수 있고 남과 약속을 할 수 있다. '반드시, 꼭'이라는 것은 모름을 지키는 사람한테만 가능하다. 모름을 지키지 않는 사람과는 약속할 수가 없다. '꼭'이라는 것이 성립될 수 없다.

숭산 스님의 가르침은 아주 단순하고 대중적이다. 스님은 '오직 모를 뿐', '오직 할 뿐'만을 말했다. 언제나 똑같은 소리를 했다. 사람들은 숭산의 단순한 이야기를 듣고 변화될 수 있었다. 숭산은 말하고 생각하면 삶으로부터, 자기 자신으로부터 벗어난다고 했다. 말과 생각이 삶을 가리고 삶에서 벗어나게 한다. 말과 생각을 끊으면 비로소 삶의 진실 속으로 들어갈 수 있다고 했다.

'산은 산이고 물은 물이다'라는 말이 있다. 내가 생각에 잡혀있고, 어떤 주장이나 욕심에 잡혀있는 한 산은 산으로 물은 물로 안 보인다. 사람이 있는 그대로의 사람으로 안 보인다. 내가 나대로 안 드러난다. 내가 나가 아닌 것이다. 내가 나이려면 또 내가 만나는 사람이 그 사람이려면 생각과 지식을 끊어버려야 한다. 그래야 있는 그대로의 삶 속으로 들어가서 있는 그대로의 사람을 볼 수 있다. 참된 삶 속으로 들어가기 위해서 오로지 모름을 지키는 것이다. 내가 어떤 사람을 안다고 하면 안다는 게 고정관념이 되어서, 그 사람의 진실을 모르게 한다. 어떤 지식이나 고정관념은 그 사람이나 그 대상을 왜곡하고 은폐하며 폭력을 가한다. 고정관념이나 지식에 사로잡힌 사람은 진실을 놓치고 늘 허탕 치는 것이다.

부부사이도 그렇다. 몇 십년동안 형성되어 있는 관점과 관념이 있다. 그 생각과 관념이 부부생활의 진상을 왜곡한다. 그래서 진심으로 만날 수가 없다. 부부사이도 친구사이도 속을 보지 못하고 어긋난다. 고정된 생각을 깨뜨릴 때만 그 사람을 만날 수 있다. 그래야 나를 드러낼 수가 있다. 그러므로 '생각'하면 삶에서 멀어지는 것이다. 행동할 때 잔머리를 굴리고 딴 생각을 하면 일이 제대로 안 된다. 마당 쓸 때 마당만 쓸고, 차 마실 때는 차만 마셔야 한다. 누구랑 얘기할 때는 그 사람하고 이야기만 해야 한다. 다른 것은 다 잊어버려야 한다. 그래야 거기에 집중할 수가 있다.

숭산 스님은 '나는 생각하지 않는다. 그러므로 나는 없다.'고 말했다. 데카르트의 명제를 확 뒤집은 것이다. 서양 철학자들이 이 말을 듣고 뒤집혔다. 서양 사람들은 생각하지 않는 것을 생각할 수가 없다. 언제나 우리가 생각을 하고 있지 어떻게 생각을 하지 않느냐 하며 숭산의 말을 이해하지 못했다. 또한 '내가 없다.'는 말도 이해할 수 없었다. 서양 사람들은 '내'가 없다는 것을 생각할 수 없었다. '생각하지 않는다'거나 '내가 없다.'는 말을 서양 철학자들은 전혀 이해할 수 없었다. 숭산 스님의 이 한마디가 서양 철학자들의 고정관념을 깨버렸다. 많은 사람들이 충격을 받고 스님의 제자가 되었다. 미국과 유럽에서 숭산의 제자가 5만 명이 나왔다.

자유는 오직 행동 속에서만 있는 것이다.

20세기에 가장 큰 영향을 미친 신학자 본회퍼는 히틀러의 폭정에 저항하는 운동을 하다가 잡혀 죽었다. 마지막 감옥에 들어가기 직전에 쓴 시가 있다. 여기서 본회퍼는 자유는 오직 행동 속에 있는 것이라고 했다. 사변의 가능성에서 벗어나서 삶 속에서 행함으로써 자유를 붙잡으라고 했다. 실천 속에서만 내가 자유로워질 것이라고 했다.

본회퍼는 선과 악의 판단과 지식이 사변적인 가능성에 머물러 있는 것을 경계했다. 아담과 하와를 유혹한 뱀, 그리고 바리사이파 사람들은 선과 악을 분별하는 지식에 머물러 있다. 선과 악에 대한 생각과 지식, 사변의 세계에 머물러 있는 것은 선과 악의 현실이 아니라 선과 악의 가능성에 머물러 있는 것이다. 본회퍼는 '하나님은 가능성이 아니라 현실'이라고 했다. 하나님은 내가 이럴까 저럴까를 선택할 수 있는 가능성의 대상이 아니라 절대 현실이기 때문에 하나님 앞에서는 절대 복종만이 있다는 것이다. 관념 속에서 망설이는 사람은 결코 현실의 주인이 될 수 없다.

본회퍼 신학의 핵심은 오직 하나님을 믿고 오직 행하는 것이다. 믿을 뿐 행할 뿐이다. 단순하게 믿고 단순하게 행하는 것이다. 진실한 신앙생활을 하려거든 성경구절 하나만이라도 하나님의 말씀으로 받아들이고 그 말씀에 복종해서 진지하게 행동하라는 것이다. 본회퍼의 윤리신학은 사변의 가능성에 머물러 있지 마라, 이럴까 저럴까 망설이는 그런 가능성 속에서 떠 있지 말라고 강조한다. 본회퍼가 말하는 '오직 믿을 뿐, 오직 행(복종)할 뿐'은 숭산의 '오직모를뿐오직 할뿐'과 통한다.

창세기의 선악과에 대한 이야기에서도 하나님이 선악과를 따 먹으면 반드시 죽을 것이라고 했다. 선악과를 따 먹는다는 것은 사사로운 개인과 집단이 선악판단의 주체가 되고 선악판단의 결과를 갈취한다는 것을 뜻한다. 선악판단의 주체가 사적인 내가 되고 사적인 내가 선악판단의 결과에서 이익을 취하려고 하면 세상이 엉망으로 되고 나도 너도 함께 망하게 된다.

선과 악의 판단기준은 생명자체가 되어야 한다. 예수님이 생명을 살리는 것이 옳으냐? 생명을 죽이는 것이 옳으냐? 했는데 예수님에게서 선악판단의 기준은 생명자체이다. 선악판단의 목적은 생명을 살리고 풍성하게 하려는 것이다. 생명이 더욱 풍성한 열매를 맺고 옹글게 완성되도록 하기 위해서 선악을 판단하는 것이다. 예수는 세리나 창녀를 죄인이라고 하지 않았다. 선악판단을 중지하고 죄인과 친구가 됐다. 이것이 하늘나라다. 하늘나라는 사사로운 지식판단을 버리고 고정관념을 버리고 생명자체, 하나님 자체에게로, 나 자신에게로 돌아가는 것이다. 선한 사마리아 사람의 얘기도 마찬가지다. 선한 행위를 하면 내가 이웃이 된다. 예수는 너도 그렇게 행하라고 했다. 예수님도 오로지 모를 뿐 오로지 할 뿐으로 사신 분이다.

'생각'은 맑고 깨끗한 것이다.

'생각'이라는 말보다는 다른 개념이 없을까를 고민하게 된다. 일반적으로 잡생각, 쓸모없는 생각, 오만가지 생각들이 있기 때문에 불교에서는 삼소를 말하는 것 같다. 적게 먹고, 적게 말하고, 적게 생각하라는 뜻이겠다. 고전을 보니 공자님도 온 종일 생각해봐야 별로 도움이 안 된다고 했는데, 유영모 선생님은 '생각'을 달리 생각하고 있다. 생명이 담긴 생각, 생각을 통해서 위로 올라간다는 것을 배우니 생각에 대한 개념이 다르게 다가온다.

그리스의 로고스철학을 이성철학이라고 한다. 근대철학은 이성에 집중하는 이성주의 철학이다. 기독교는 이성에만 머물지 않고 영성이나 신학을 강조한다. 동양은 이성적인 사고를 하지만 도(道), 자연과 하나 되는 것을 생각한다. 유영모 함석헌은 생각하는 인간이 현대인류라고 했다. 유영모는 영성가이면서도 인간의 본성인 지성과 이성에 집중했다. 인간은 이성적이고 지성적이고 감성적인 존재다. 지성적 이성을 통하지 않고서는 영성에 못 들어간다는 것이다.

사실 생명진화의 역사에서 사람이 된 지 얼마 되지 않았다. 아주 짧은 기간에 인간의 이성이 나오고 생각이 나왔다. 사람들의 생각을 돌이켜 보면 말할 수 없이 더럽게 오염되고 지저분한 것으로 가득 차 있다. 그러나 고결한 정신과 깨끗한 양심과 맑은 지성이 있다. 이렇게 고결하고 깨끗하고 맑은 양심과 지성이 본래의 참된 지성이고, 생각인 것이다. 생각의 본래 모습은 맑고 깨끗한 것이다. 이것이 유영모 함석헌의 생각이다.

'모름'은 하나님을 향하는 개념이고, '비움'은 물질적인 집착이나 자기 속의 여러 생각들을 비워버리고 없애서 자유로워지는 것이다. 불가의 법정스님이 돌아가셨다. 법정의 얼굴을 보면 그 인상이 엄하게 때로는 사납게 보이기도 하지만 그것은 자기와의 싸움에서 얼마나 자기를 치열하게 다스려 왔는가를 나타낸다. 자기와 타협하지 않고, 자기에게 냉혹하게 무섭게 칼질을 해왔는가를 그의 얼굴이 보여준다. 유혹이 많았겠지만 끊임없이 노력해서 덕망을 쌓았다. 강원도 산골 오두막에서

극락을 누릴 수 있었다. 기침도, 감기도, 몸이 아픈 것도 다 '나'를 일깨우기 위해 보살이 오신 것이라며 늘 기쁘고 고마운 맘으로 살았다.

정신 줄을 놓치지 말아야 한다.

궁신지화에서 지화(知化)는 모든 만물을 알게 되는 것이다. 그러나 아는 방법이 따로 있지 않다. 내 속에 하나의 중심점과 초점을 잡아야 한다. 초점이 잡히면 하나님과 소통하고 영적인 감동을 받을 수 있다. 그 내적 감동을 통해서 통일적인 존재가 된다. 이것이 유영모의 궁신지화다. 하나님을 탐구하면 내 속에서 초점이 맺히고, 영과 진리의 실마리를 붙잡아서 놓치지 않으면 사물과 일이 돌아가는 이치를 아는 지화가 된다.

복잡하게 생각하지 말자. 내 속에서 자유로워지는 만큼, 내 속이 넓어지는 만큼 세상에 대한 마음도 넓어진다. 매일 아침기도를 하든지, 성경 한 구절씩 읽든지, 주문 외우듯이 아침저녁으로 예수님을 부르든지, '모름지기'를 찾든지 하나를 붙잡고 정신 줄을 놓치지 말아야 한다. 인간의 열등감이라는 것도 삶의 욕망에서 나왔는데, 탐욕이 없으면 비교나 열등감이 나오지 않는다. 망설이지 말고 꽉 잡고 가야한다. 그러면 언젠가는 인생과 역사와 세상을 뚫어보는 지혜가 생긴다.

제8강

숨은 생명과 얼의 줄

다석
유영모

제정구, 당신의 영원한 스승 세 분

가난공동체생명 제1기 배달학당이 중반을 넘었다. 제정구 선생이 청계천판자촌에서 배달학당을 열고 아이들과 함께 꿈을 꿨다. 그 정신을 생각하고 지금 배달학당을 열고 있다. 배달학당에서 가난공동체생명 정신에 따라 유영모 함석헌의 씨올사상과 어떤 연결이 있는지 연구해야 한다.

제정구는 '나를 키운 한권의 책'이란 글에서 함석헌 선생의 '생각하는 백성이라야 산다.'라는 책에서 감명을 받았다고 했다. 그리고 '나의 스승 이야기'글에서는 세 분을 꼽으셨다. 정일우 신부님은 당신 마음의 문을 열어주신 분으로, 함석헌 선생님은 사랑의 곧은 정신과 어려움을 이겨내는 본성을 일깨워주신 분으로, 김수환 추기경은 사랑의 힘과 함께 사는 의미를 가르쳐 주신 분으로 쓰고 있다. 제정구 글에서 다석 유영모에 대하여 언급이 없지만 함석헌을 통해서 씨올사상을 깨달았다. 씨올은 곧은 정신으로, 불굴의 생명으로 싹튼다.

척주(脊柱)는 율려고 마음은 거문고다.

'숨'은 '숨는 것'하고도 관련이 있다. 유영모 선생은 성서조선에 실린 '저녁송'이라는 글에서 '다석'이라는 호를 붙인 이유를 밝히셨다. 저녁에는 어둠이 깃든다. 해가 떨어지고 모든 것이 숨는 시간이다. 하늘의 별빛만 있고 나머지는 다 가리어지는 그런 때 숨이 깊이 편안하게 쉬어진다. 햇빛은 태양에서 직접 오는 빛이라기보다는 먼지에 반사되어 중층으로 복사됨으로써 환해지는 것이다. 먼지를 통해서 드러나는 밝은 빛은 오히려 숨길을 막는다.

해가 떨어져서 어둠 속에 들어가면 햇빛에 막혔던 숨길이 뚫린다. 그리고 숨길을 통해서 하늘의 신령한 세계와 소통이 이루어진다. 별을 볼 때는 천문학적인 현상만이 아니라 우리의 신령한 영의 세계와 통할 수 있는 그런 자리와 때를 보아야 한다. 많은 저녁이라는 뜻을 지닌 '다석'(多夕)이라는 호도 저녁, 어둠 이런 시간에 숨이 잘 뚫리고 깊어진다는 생각에서 붙여졌다.

유영모는 숨은 생명과 얼의 줄이라 했다. 몸과 마음의 관계를 말하면서 '척주는 율려 맘 거문고'라 했다. 율려는 음악이다. 옛날에 나라를 세울 때는 체제와 법과 도덕을 바로 잡고, 마지막으로 율려를 바로 잡는다. 음악의 기본음과 음조인 율려를 새롭게 하는 것은 나라의 기풍과 정신을 새롭게 하는 것이다. 음률이 흐트러지면 기풍과 정신이 흐트러지기가 쉽다. 그래서 나라를 바로 세울 때 반드시 율려를 새로 정한다.

율려는 음악의 조율만이 아니다. 생(生)을 음악으로 보면 생이라고 하는 음악의 기본음과 조율은 몸의 척주에서 나온다. 몸을 꼿꼿하게 해야 정신적 생명과 신체적 생명이 바로 되는 것이다. 곧아야 의로울 수 있고 의로울 수 있어야 사랑 할 수 있다. 곧은 몸과 마음에서 사랑이 나온다. 예수처럼 십자가에 달려야 곧을 수 있고, 곧아야 참 사랑이 나온다. 구부러진 사랑은 집착이지 사랑이 아니다. 사랑은 곧아야 하니까 어려운 것이다. 이것이 참사랑이다. 몸가짐과 마음가짐이 바르고 곧으면 삶 자체가 아름답고 깊어진다.

척주는 율려고 마음은 거문고다. 인간이 몸과 정신으로 사는 것 자체가 예술이다. 유영모와 함석헌의 글을 보면 전부가 철학이고 시(詩)다. 신앙과 철학에서는 무한한 것과 절대적인 것을 유한한 것으로 압축해서 표현하려고 하니까 시가 된다. 유영모의 글은 정신이 번쩍 들게 하면서도 시적인 아름다움을 담고 있다. 생의 깊이와 높이를 평면적인 개념과 논리로 표현하니까 시가 되는 것이다. '척주는 율려 맘 거문고!'

몸으로부터 자유로운 '얼나'가되자.

다석은 건강한 육체는 건강한 정신을 낳는 모체라고 했다. 유영모의 금욕위주 삶만을 보면 이원론에 빠지기 쉽다. 몸을 짐승이나 똥자루라고만 말하고 몸을 업신여기고 무시하면 몸으로부터 자유로울 수 없다. 몸을 가지고 사는 한 몸을 떠날 수는 없다. 그러나 몸 안에서 몸으로 살면서도 마치 몸이 없는 것처럼 몸을 버리고 놓을 수 있는 마음자리에 이르면 몸에 매이지 않고 몸에서 자유로울 수 있을 것이다. 우리가 한번은 몸으로부터 자유로워야 한다. 그래야 몸의 주인이 되어서 몸을 소중하게 하고 몸을 제대로 실현시킬 수 있을 것이다.

유영모는 젊은 부부들한테 알몸을 서로 맡길 때 알몸만 맡기지 말고 얼맘이 되어서 얼맘을 드러내라고 했다. 그러면 영원하고 새로운 부부가 될 수 있다고 했다. 몸으로부터 자유로운 얼맘, '얼나'가 되면 몸은 몸대로 되고, 마음은 마음대로 자유롭다. 내가 몸으로부터 자유로운 '얼나'가 되면, 억지로 몸을 괴롭히지 않게 된다. 그러면 몸은 몸의 본성에 따라서 몸대로 된다. 무위자연(無爲自然)이다. 인위적으로 간섭하지 말고 자연스럽게 자연 저대로 되게 하라. 몸을 간섭하지 말고 몸이 몸대로 될 수 있도록 하라. 내 욕심이나, 내 편견이나, 내 고집이나, 내 분노나, 내 스트레스로 자꾸 몸을 괴롭히니까 몸이 제 구실을 못한다. 몸을 몸대로 되게 놔두면 몸대로 실현되고 완성되는 것이다. 몸이 몸대로 되어야 마음은 맘대로 되는 것이다.

척주는 율려다. 몸이 율려다. 몸이 똥자루라고만 여기고 몸을 무시하면 안 된다. 바늘로 손가락을 찔러보면 정신이 번쩍 나게 몸의 소중함을 알 수 있다. 몸의 소중함을 알면서 몸으로부터 자유로워지자는 것이다. 몸은 하나님의 성전이다. 성경은 몸과 마음을 분리시키기 않는다. 육체의 욕망과 원리를 비판해도 몸은 끝까지 버리지 않는다. 사람의 몸은 60조에서 100조 사이의 세포들이 모여서 '나'라고 하는 존재를 이룬다. 이처럼 우주만물도 하나하나가 결합해서 우주 전체의 위대한 인격을 성립시킨다. 세포 하나하나가 살아 있듯이 우리의 몸은 우주의 일부다. 우주 전체가 살아 있어서 율동을 하고 우주생명의 율동이 내 몸속에서 파동 친다. 내 몸에서 우주 생명의 율동을 느낀다.

숨은 나 혼자 쉬는 것이 아니다.

숨은 소식(消息)이다. 소(消)는 잦아드는 것이고 식(息)은 쉬는 것이다. 소식(消息)은 들숨날숨을 뜻한다. 또 소식은 생활동정(生活動靜)이다. 동(動)은 움직이는 것이고 정(靜)은 고요하게 멈추는 것이다. 또 뉴스라는 뜻도 있다. 인도 종교에서 분명하게 강조하듯이 유영모 함석헌도 우리 숨이라는 것은 나 혼자 쉬는 것이 아니라고 했다. 이 천지에 가득 차 있는 정기(正氣)와 우주가 나와 함께 숨을 쉰다. 자연만물과 뭇 생명과 온 인류가 숨을 다 같이 쉬는 것이다. 그리고 우리가 지금 숨을 쉬는 것은 사람 사이에 그리고 우주만물과 영향을 주고받는 것이다.

숨은 천지와 더불어 쉬는 것이다. 우주만물과 더불어 우리는 같은 숨을 쉰다. 내가 쉬는 숨은 남에게 영향을 준다. 그리고 숨뿐만 아니라 나의 생활동정이 반드시 다른 존재들에게 영향을 준다. 생각하는 것도 생각의 파동을 일으켜서 영향을 준다. 그래서 소식이라고 한다. 소식은 전달하는 것이다. 서로 커뮤니케이션을 이루어 영향을 준다. 우리나라의 정치 경제가 잘못되는 것은 일차적으로는 정치인들이 책임을 져야 하지만 이 나라 사람들이 숨을 제대로 쉬지 못하기 때문이다. 생활동정이 제대로 못되고, 생각이 제대로 타오르지 못하기 때문이다. 남의 탓만 할 것이 아니다. 숨을 바로 쉬면 바른 생각 바른 생활이 나올 것이다. 그러면 나라의 정치와 경제도 바로 될 것이다.

씨올운동은 숨부터 바로 쉬자는 운동이다. 숨을 늘 깊이 편하게 쉬는 연습을 하면 내 몸과 맘이 편해진다. 내가 편해져야, 내가 행복해지고 여유가 있고 기뻐진다. 그러면 반드시 주변에 영향을 준다. 깔멜수녀원

수녀들은 밖에 안 나가고 창살에 갇혀서 평생 기도만 한다. 참 마음으로 깨끗한 마음으로 기도를 하고 좋은 생각을 하면, 기도하고 생각하는 것만으로도 세상을 밝게 한다. 내가 1981년에 대전경찰서 유치장에서 갇혀 지낼 때 있었던 일이다. 사람을 잘 패는 아주 못된 간수가 있었다. 어느 날 흑백 TV를 밤에 보는데 이 간수가 깔멜수녀원 수녀들이 창살에 갇혀서 기도하는 장면을 보았다. 깔멜 수녀들이 평생 저렇게 수녀원 안에서 기도하며 지낸다는 말을 듣고, "저게 정말이냐? 진짜 저렇게 기도하느냐? 그러면 나도 믿지"이 말을 계속했다. 저렇게 순수한 사람이 있다면 자기도 믿겠다는 거였다. 이렇게 기도하는 것만으로도 영향을 준다. 나라를 위해 싸우다가 죽음 앞에서도 의연하게 편안하게 죽으면 그 죽음이 반드시 사회에 큰 영향을 준다.

유영모는 이렇게 말했다. "흙이 우리의 오척 몸뚱이를 일으켜 세웠다. 대기(大氣)의 산소가 사람 노릇 하라고 자꾸 내 호흡을 시켜준다. 그러한 가운데 마음은 만고(萬古)의 옳은 뜻에 가서 젖으면 이 목숨이라는 것에 영원한 얼이 일어난다."참으로 절묘한 표현이다. 우리는 흙을 먹고 자란다. 흙에서 나는 푸성귀도, 흙에서 나는 푸성귀를 먹고 사는 돼지, 닭도 흙에서 나온 것이다. 모든 것이 다 흙의 변형이다. 이런 흙이 우리의 오 척 몸뚱이를 일으켜 세웠다. 하늘에 가득한 산소가 우리를 숨쉬라고 자꾸 살려주고 격려를 해 준다. 흙을 먹고 흙으로 빚어진 몸을 가지고 사는 인생이지만 마음이 만고의 옳은 뜻에 감동하면 목숨에서 영원한 얼이 일어난다.

숨은 생명의 풀무질이다.

숨은 생명의 풀무질이다. 숨 쉬는 것은 산소동화작용인데 말하자면 불이다. 다석은 목숨을 목숨불이라고 한다. 숨을 쉬면 목숨에 불이 일어난다. 동아시아의 인간학에서 특히 도가에서는 인간이 정기신(精氣神)으로 이루어져 있다고 한다. 밥을 먹으면 나오는 호르몬이 정(精)이다. 정력이라고도 하는데 이것을 숨을 바로 쉬어 잘 다듬으면 기(氣)가 된다. 기가 승화되면 신(神)이 된다. 사람의 본질은 정신(精神)이다. 정신의 신이 우리 속에 있는 것이다.

동아시아에서 신(神)은 이중적인 의미가 있다. 사람 속에 내재하는 정신이라는 의미와 우주적인 신이라는 의미가 그것이다. 구약성경의 하나님은 초월적인 신이지만 동아시아에서는 신이 내재적이기도 하고 초월적이기도 하다. 생명의 완성은 신(神)에 가야 완성되는 것이다. 정이 기가 되고 기가 신이 되어야 한다. 신을 영이라고 하기도 하고 얼이라고도 한다. 신은 하나님과 소통하고 사귈 수 있는 존재이다.

유영모는 삶과 살림을 구별한다. 삶의 근본은 숨이고, 살림의 근본은 먹는 것이다. 살림의 신학을 이야기하는 사람도 있지만, 살림살이는 먹는 것에서 시작된다. 살림을 위해서 밥하고 빨래하고 농사짓고 장사하는 것이다. 살림은 땅에서 우리의 삶을 크게 펼치자는 것이다. 살림은 유클리드 기하학과 같은 평면의 세계에 속한다. 그러나 삶은 숨으로 시작하고 숨으로 끝난다. 숨은 위로 올라가는 것이고 하늘의 원기를 마시는 것이다. 우리가 땅에 있지만, 하늘과 땅의 원기를 숨 쉬면서 하늘과 소통하고 하늘로 올라가는 것이다. 유클리드의 평면논리를 뚫고 비유클리드의 입체 진리로 들어가는 것이다.

유영모에 따르면 숨에는 목숨, 말숨, 우숨이 있다. 목숨은 목으로 쉬는 숨이고, 목숨을 타고 올라가면 말숨 즉 생각의 숨이 나오고, 또 생각의 숨을 타고 올라가면 얼숨 즉 우숨이 나온다. 우숨은 '우'(上)로 쉬는 숨이다. 유영모는 하늘, 하나님을 '우'라고 했다. 하나님을 우(上)라 하고, 하나님인 우를 숨 쉬는 것을 우숨이라고 했다. 웃는다고 할 때 웃음하고, 우를 숨 쉰다고 하는 우숨의 발음이 비슷하다. 위로 숨쉴때 웃음을 웃을 수 있다. 웃는다는 것은 초월한다는 것이다. 위를 숨 쉴 때 세상일을 초월하게 되고 초월할 때 웃음이 나온다. 어떤 것에 너무 매달려 있으면 웃음이 안 나온다. 어느 순간 놔 버릴 때, 거기서 벗어날 때 웃음이 나온다. 웃음은 위의 초월 우숨과 통한다.

숨은 태초로부터 주어지는 생명줄이다.

숨은 생명의 얼 줄 정신 줄이다. 숨은 과거 수십억 년 전부터, 수천만 년 전부터, 백만 년 전부터 이어온 것이다. 우리가 태어나면서 숨이 비롯된 것이 아니다. 우리 어머니 뱃속에 있을 때부터 어머니 뱃속의 숨, 할머니의 숨, 증조할머니 할아버지의 숨, 그 숨이 이어 이어서 내게 있는 것이고 앞으로도 숨이 이어질 것이다. 숨이란 태초부터, 하나님으로부터 주어지는 생명줄 정신 줄이다. 이 숨 줄을 잘 붙잡으면 영원히 살 수있다.

많은 언어들에서 숨이라는 말과 영이라는 말이 같다. 히브리어 루아흐, 그리스어의 프뉴마, 프쉬케, 라틴어 스피리투스, 인도어 아트만은 모두 숨과 바람과 영을 함께 나타낸다. 프쉬케는 숨 쉬는 소리를 표현한 말이다. '프쉬'하고 숨을 가파르게 쉬는 소리를 표현한 것이다. 본능적으로 옛날 사람들은 숨이 영혼이라는 것을 알았다. 하늘과 소통하는 것을 알았다. 오늘 우리는 현실주의자, 물질주의, 과학주의에 빠져서 숨이 우주와 연결된 것을 잊고 산다. 산소동화작용과 인간의 생리, 우주의 대기를 분해할 줄 아는 현대인들이 숨의 근원적인 성격, 우주적인 성격, 신령한 성격을 감지하지 못하고 산다.

다석은 현대인이 대마비증에 걸렸다고 했다. 몸과 맘이 마비되면 늘 긴장하여 경직된다. 긴장하여 경직되면 숨을 제대로 쉴 수 없다. 우리는 느끼지 못하지만 몸이 경직되어 있는 경우가 많다. 몸과 맘이 늘 긴장하고 있다. 그러나 어느 순간 긴장이 풀리고 숨을 편히 쉬게 될 때가 있는데, 그 때는 저도 모르게 움켜쥔 것들을 다 놓아버린 것을 알게 된다. 무언가 사로 집힌 것에서 놓여난 것이다. 그러면 몸과 마음이 풀리고 편안해진다. 몸과 맘이 편안하면 숨은 저절로 편안하고 깊게 쉬어진다. 숨은 생명의 실올이다. 숨 속에서 생명의 실올이 스스로 풀린다. 숨을 편안하게 쉬면 생명의 실올이 풀리는 것이다. 이 생명의 실올을 타고 우주 전체의 생명에 닿고, 이웃의 심정에 닿고, 나라와 인류공동체의 생활에 닿는다.

얼굴은 얼의 골짜기다.

얼굴은 얼의 골짜기다. 사람 얼굴 속에 하나님의 형상이 있다. 한 사람의 살아온 흔적과 생각이 얼굴에 표현된 것이 관상(觀相)이다. 물론 조상대대로 내려오는 경험이 생리적으로 유전적으로 농축되어서 내 모양이 형성되는 측면이 있지만, 얼굴은 내가 살아오면서 형성된 내 생각이나 내 기운을 표현한다.

관상이 운명을 결정하는 것은 아니다. 관상쟁이들에 따르면 아무리 관상이 좋아도 눈이 죽어 있으면 나쁜 관상이고, 아무리 관상이 나빠도 눈이 살아 있으면 좋은 관상이다. 관상을 결정하는 것은 심상(心相)이기 때문이다. 눈에서 심상이 드러나기 때문에 눈이 관상을 좌우한다는 것이다. 얼굴은 깻묵처럼 생겼어도 눈에 정기가 가득하면 비범한 관상이 된다. 관상 밑에 심상이 있고, 심상 밑에 신의 형상이 있다. 심상도 결정적인 것이 아니다. 마음의 상(相)과 상(像)은 이랬다저랬다 하고 바뀔 수 있다.

정말 변하지 않는 영원한 상이 있다. 하나님의 형상이다. 제대로 하나님을 믿는 사람의 얼굴은 신의 형상을 드러낸다. 신의 형상은 정말로 세상을 초월한 것이다. 신의 형상을 지닌 사람은 신의 자녀이며 신의 자녀는 정말로 자유롭다. 우주의 주인이다. 천지만물의 주인이다. 하나님과 더불어 우주의 주인노릇을 하고 상속자가 될 사람이다. 성경에도 '너희들은 이 우주세계의 상속자다. 예수 그리스도와 더불어 상속자가 된다. 하나님의 자녀이다.'라고 했다. 신의 형상을 지니고 우주의 주인노릇을 하는 씨올의 관상은 감히 관상쟁이들이 드려다 볼 수 없을 것이다.

유영모는 '얼굴은 얼의 골짜기요 얼의 굴이다.'라고 했다. 사람의 얼굴 속에서 우주의 무한한 신비를 본 것이다. "얼굴을 보니 그 골짜기가 한없이 깊다.… 소뇌, 대뇌를 넘어서 우주의 무한한 신비가 얼굴 뒤로 연결되어 있다." 그리고 얼굴 속에는 얼굴의 참된 주인인 얼(신)이 들어 있다. "…별 하늘 뒤에 뒤에 천천만만의 별 하늘… 그 뒤의 생각의 바다가 있고 신의 보좌가 있고 얼굴의 골짜기가 한없이 깊다. 그 깊은 그윽한 곳에 얼굴의 주인인 진짜 얼이 계신 것이다."사람의 얼굴 속에 "우주의 가장 깊고 깊은 성스러운 지성소"가 있고 그 지성소 속에 우주의 신비와 인간의 신성이 "튼튼하고 곧 바르게 곧이곧게… 들여 박혀 있다." 우주의 신비와 인간의 신성(영성)이 사람의 얼굴에서 하나로 통한다.

사람에 대하여 이렇게 높이 평가한 철학자가 없다. 예수님은 우리에게 사람의 본 모습을 나타내 보여주었다. 이런 의미에서는 동양철학의 인간이해보다 성경의 인간이해가 더 구체적이고 깊다. 하나님의 형상을 지닌 인간은 우주의 주인이다. 유영모는 가정은 살림하는 곳이고, 우주 빈탕 하늘은 숨을 쉬는 곳이며 영이 살아 있는 곳으로 봤다. 그래서 좁은 집안에서 벗어나 우주의 빈탕한데서 살려고 했다. 다석은 40대 중반이 되어서야 도시를 떠나 산골에서 살 수 있었다. 다석은 집 없이 산 예수를 그리워했고, 예수가 해가 저물 때 혼자 산으로 기도하러 가셨다는 사실이 두렵고 그립다고 했다. 그러고는 산을 그리워하며 "아, 한울 향한 산이여! 기도할 곳이여!"라고 부르짖었다.

속알이 얼이다.

숨은 누구나 쉬는 것이다. 그 숨 속에 영원한 생명의 씨앗이 있다. 유영모는 영원한 생명의 끄트머리가 우리 속에서 싹터서 나온다고 했다. 이것이 진짜 '나'라는 것이다. 나머지는 다 허황된 것이다. 이름도 명성도 지위도 다 쓸데가 없다. 오직 내 숨 속에 있는 영원한 생명의 끄트머리가 중요하다. 숨 속에 있는 내 몸과 마음속에 있는 영원한 생명, 참 생명의 끄트머리를 유영모는 긋이라고 한다. '긋'은 점수, 값, 끄트머리를 뜻한다. 생명의 긋은 양심, 정의, 인격으로 표현된다. 양심, 정의, 인격이라는 긋, 이것이 참 나이고 참 생명이며 영원한 것이다. 인생은 긋을 한번 보자는 것이다. 내 긋을 드러내 보이고 너의 긋을 보자는 것이다. 긋을 보는 것만이 인생에서 보람 있는 것이다. 인생의 긋을 보면 정말 볼 것, 보아야 할 것을 본 것이다. 역사적으로 율곡, 퇴계, 이순신, 원효, 유영모, 함석헌, 제정구 같은 사람들이 영원한 생명의 긋, 끄트머리 긋을 보고 만나고 드러냈다.

동양의 유교, 도교 경전에 덕이라는 말이 많이 나온다. 덕은 사람이 가지고 있는 내적 능력이다. 그리스어에서 덕(arete)은 내가 살면서 획득한 정신적인 힘과 능력을 뜻한다. 동아시아에서 덕은 자신이 획득한 능력이라기보다는 하늘로부터 주어진, 본성적으로 주어진 힘과 능력이다. 본성적으로 주어진 천성 즉 바탈이 어떤 내적 힘이나 능력으로 전환된 것이 덕이다.

유영모와 함석헌은 덕을 속알로 표현했다. 생명의 속알, 속알맹이, 씨올 맹이를 덕이라고 했다. 여기서 씨올철학이 분명해진다. 덕이 생명의 본성 속에 감추어져 있고 숨겨져 있는데 그 덕이 밝게 들어나는 것이 명덕(明德) 즉 밝은 덕이다. 다석은 명덕을 밝은 속알이라고 한다. 속알은 본성이다. 속알이 영글어서 명덕이 나온다. 속알은 영원한 생명인 하나님과 소통하는 것이다. 다석은 하나님과 소통하는 속알을 '얼'이라고 했다. 유교학자들이나 도교학자들은 덕을 속알이나 얼로 해석을 하지 않았다. 덕을 속알과 얼로 옮김으로써 기독교적인 관점과 동아시아적인 관점이 합류한다. 덕을 속알, 얼나로 해석함으로서 동아시아 종교경전을 해석하는 지평이 새롭게 열린 것이다.

전체생명으로 들어간다.

소갈머리, 씨올머리가 없다는 말이 있다. 이 말은 죽은 말이 아니다. 유영모 함석헌은 이 말을 민생철학, 생활철학으로 발전시켰다. 유영모는 사람이 엉금엉금 커야 한다고 했다. '엉금'은 얼이 큰다는 얼큼과 통한다. 사람은 뭔가 궁리를 하고 저 나름대로 애를 써야지 접시 물처럼 훤히 들여다보이고 속이 없어서는 안 된다.

'나라'라는 말도 그렇다. 함석헌은 사람들이 모인 유기체적인 자연스럽고 공동체적인 결속을 나라라고 했다. 유영모와 함석헌은 '나라'는 사람들이 '나'라고 나서는 것이라고 했다. 모든 민중과 시민이 "내가 나다!"하고 나서는 것이 나라다. 민주국가는 국민의 주체에 토대를 둔 것이다. 그래서 국민이 내가 나라는 것을 깨닫고 일어날 때 나라가 바로 서는 것이다. 내가 누구인지 생각하고, 내가 나라는 것을 생각해야 나라가 바로 선다. 생각하는 백성이라야 백성이 살고 나라가 바로 되는 것이다. 너도 나도 그도 다 '나' 라고 나서는 것이 '나라'다. 민중이 다 주체가 되어야 나라가 되는 것이다.

성경은 육과 몸을 구별했다. 예수는 “나는 길이요 진리요 생명이다.”라고 말했다. 여기서 ‘나’는 개별적인 나, 육체적인 나가 아니다. ‘나’는 하나님의 아들로서의 나, 전체생명으로서의 나, 얼나를 말한다. 육체적인 겉의 나는 죽고 새로운 나, 얼의 나, 참나로태어난 ‘나’이다. 사체소생(死體蘇生)이 아니라 몸으로 부활한 나이다. 이것이 예수부활을 이해하는 핵심이다. 성경에서는 흙이나 몸이 중요하다. 흙으로 사람 몸을 지었고, 하늘말씀이 내려와 성육신했다. 육으로 죽고 나서 몸으로 부활했다. 예수의 부활은 죽은 예수의 시체가 살아나는 사체소생이 아니라 몸나를 넘어서 얼나로 전체생명의 나로 하나님의 나로 살아나는 것이다.

유영모는 죽음을 찬란한 육리(陸離)라고 했다. 육리는 배가 육지를 떠나 큰 바다로 떠나는 것이다. 죽음은 영원한 전체생명의 바다로 들어가는 것이며, 영광스러운 생명세계로 들어가는 것이다. 예수의 부활을 예수 개인의 육체적 생명이 되살아나는 것으로 생각하면 지금 우리하고는 아무런 상관이 없게 된다. 유영모, 함석헌, 전태일, 제정구를 개인의 육체로 기억하면 영원히 살아 있다고 말할 수 없다. 예수의 부활도 예수 개인의 육체가 다시 살아난 것이 아니라 영원한 전체생명 하나님의 생명으로 부활한 것이며, 우리의 삶 속으로, 우리의 몸과 피 속으로 부활한 것이다. 그래서 우리는 매일 밥을 먹고 국을 마실 때마다 예수의 살과 피를 먹고 마시며 예수의 부활을 체험할 수 있다.

몸은 세포 하나하나가 숨 쉬는 것이다. 유영모의 표현대로 몸은 얼의 그릇이다. 얼의 그릇으로서 신령한 그릇으로서 세포 하나하나가 살아서 전체를 이루는 생명체다. 우리의 살과 피 몸은 소중하다. 성경에서 육은 사르크스(Sarchs), 몸은 소마(Soma)라고 한다. 흔히 육을 비판하면서도 성육신을 나타내는데 사르크스를 썼다. 말씀이, 로고스가 사르크스 속에 들어오는 것이다. 성경은 몸을 살과 피를 포기하지 않고 끝가지 붙잡고 간다. 예수도 몸으로 부활했고 다시 몸으로 세상에 온다. 우리의 살과 피 속으로 들어온다.

지금 이 시대는 바른 숨쉬기운동을 해야 한다. 정치, 경제 사회가 아주 대책 없는 국면으로 가고 있다. 씨올머리와 소갈머리가 없이 돌아간다. 씨올철학이 없다. 생각을 깊이 할 때다. 아무도 보지 않는 겨울 하늘의 달을 마음속에 품고 생각하는 사람이 있어야 한다. 그러면 남을 미워해도 미워하는 방식이 달라진다. 저는 저대로 나는 나대로 넉넉하게 살 수 있다. 혼자 떠 있는 겨울 달의 존귀함을 느끼고 빈들에 숨어서 피는 들꽃의 아름다움을 알아보는 사람은 우리 사회의 들꽃 같은 생명들을 귀하게 여길 수 있다. 우리 사회에 버림받고 숨겨져서 살아가는 사람들, 아무도 보지 않는 겨울 달 같고 들꽃 같은 사람들을 소중하고 아름답게 여기는 사람은 속알머리, 씨올머리를 가진 사람이다. 이런 씨올님이 되어야 사람이 되고 얼이 생기고 나라가 바로 된다.

제9강

우리 말과 글로 철학하다

다석
유영모

말이 곧 사람이다.

말은 참으로 신비하다. 새들이 찍찍거리고 개가 멍멍거리며 원숭이나 침팬지도 뭔가 정서 같은 것을 전달할 것이지만, 마음 속 깊은 뜻과 혼을 오롯이 드러내지 못하고 섬세하고 미묘한 감정을 말로 전달하지 못한다. 사람만이 속 깊은 뜻과 감정, 절실한 마음을 말로 전달한다.

사람만이 눈이 맑다. 흰자위가 있고 투명하다. 짐승들의 눈에는 다 색깔이 들어있다. 왜냐하면 자기 속에 있는 의도를 감추기 위해서다. 공격하려는 짐승도 공격하려는 의도를 감추려 한다. 잡아먹으려는 의도를 드러내면 다른 동물들이 알아채고 다 도망간다. 숨으려고 하는 약한 동물도 숨으려고 하는 의도를 숨겨야 한다. 두려운 감정이나 도망가려는 의도를 다 드러내면 잡아먹히기 쉽다.

사람의 눈이 투명한 것은 속생각과 맘을 드러내려는 의사가 있어서다. 다른 사람의 속뜻을 내가 받아들이고 싶고 내 속뜻을 다른 사람에게 전하고 싶은 의지가 간절해서 눈이 맑아진 것이다. 말할 수 있고 말하고 싶기 때문에 눈이 맑은 인간이 된 것이다. 거꾸로 눈이 맑아져서 사람은 말하는 존재가 된 것인지 모른다.

내 속에 있는 생각과 뜻을 다른 사람에게 전하고 싶고, 다른 사람의 속 깊은 뜻을 내가 알고 싶어서 말이 생겨났다. 말은 오묘하고 섬세하게 내 생각을 전하고, 내 마음을 표현한다. 원숭이나 침팬지가 아무리 발전했다고 하더라도 그들의 소통체계는 인간의 언어세계와 비교할 수 없다. 말과 이성은 같이 간다. 언어가 발달한 만큼 이성이 발달하고 이성이 발달한 만큼 언어로 나타난다.

사람은 말하는 존재이며, 생각하는 이성을 가진 존재다. 생각하는 이성을 가진 존재라는 것과 말하는 존재라는 것은 같은 말이다. 생각하는 이성을 가졌기 때문에 말로 표현할 수 있다. 생각하는 이성은 무엇으로 생각하는가? 말로 생각한다. 말로 개념과 논리로 사람은 생각한다. 말은 생각하는 수단일 뿐 아니라 생각하는 근원이고 생각하는 주체다. 말에서 생각이 나오고 말이 생각한다.

말이 있어서 생각이 나온다. 말이 없으면 생각할 수 없다. 말로 생각하는 것이고 생각을 통해서 말이 나오는 것이다. 말이 곧 사람이다. 사람은 말이다. 말하니까 사람이다. 하나님의 아들 예수 그리스도를 말씀이라고 표현했다. 유영모는 '말씀 사룸'이라고 했다. 다석이 사람을 '사룸'이라 쓰고 사룸을 "사름, 살음, 사룀"이라고 한 것은 말장난 같지만 성경적이고 인간학적인 근거를 갖고 있다. 사람이 무엇이냐. 사람은 생각함으로써 말씀을 불사르고, 말씀을 살고, 말씀을 사뢰(아뢰)는 존재다. 진화론자나 생물학자가 사람을 '뭐하는 동물'이라고 표현할지 모르지만 정신적인 차원에서 보면 사람은 말이다. 말함으로써 사람이 된다.

다석은 인생이란 한마디 참말을 해보자는 것이며, 참된 말씀 한 번 들어보자는 것이라고 했다. 참말을 하고 듣는 것이 사람의 보람이다. 말은 영원한 참 생명 즉 생명의 끄트머리를 드러낸다. 인격, 양심이라고 하는 그 참 생명의 긋, 끄트머리, 끝을 드러낸다. 사람 말을 한번 들어보면 그 사람이 어떤 사람인지를 다 알 수 있고, 그 사람의 그 한마디를 가지고 그 사람 전체를 심판할 수 있다. 다석은 일상적으로 나오는 말들, 평소에 쓰는 말이 그 사람의 전체를 온통 드러내고 그 말이 그 사람을 심판할 것이라고 했다.

그이를 그리워하는 것이 글이다.

글도 참 신기하다. 글이 생기기 전의 인류역사와 글이 생긴 이후의 인류역사를 한번 생각해 보자. 문자가 기록되기 시작한 이후부터 역사라고 한다. 문자로 기록되기 이전은 역사에 들어가지 않는다. 기록된 다음부터 비로소 지식이나 문화가 본격적으로 전승된다. 구전전승은 매우 제한적이고 핵심적인 것만 전한다. 글로 쓰면서부터 문화적 전승이 되었고 문화라는 것이 가능하다. 문화는 '글로 바꿈'(文化)이다.

경전도 다 글로 된 것이 아닌가. 생각이나 말은 그 순간 지나가 버린다. 아무리 귀중한 생각도 지나가 버리고, 아무리 좋은 말도 말을 뱉어 놓은 순간에 사라져 버린다. 이런 생각과 말을 글로 써 놓으면 영원히 고정된다. 글은 영원한 것이다. 말은 부정확할 수 있다. 오락 프로그램을 보면 사람들을 줄 세워놓고 귓속말로 전달하면 도중에 엉뚱한 말이 된다. 내가 '아!'이렇게 했어도 의미나 느낌이 다 다르다. 내가 뭔가를 아주 열심히 말했어도 듣는 사람이 엉뚱하게 들을 가능성이 매우 높다. 그러나 글은 영원히 고정하여 전달한다.

글이 나오면서 인류역사가 엄청 바뀌었다. 문자가 나온 지는 오천년밖에 안 된다. 인류의 생물학적 진화는 200만년, 100만 년에 걸쳐 이루어졌다. 현생 인류만 하더라도 4, 5만년, 10만년 되는데 문자가 생긴 것은 겨우 5천년이다. 이 문자가 생긴 다음에 문화나 우리 생활이 얼마나 바뀌었는가.

거대한 국가가 성립되는 것도 문자가 있기 때문이다. 문자가 없다면 국가와 같은 큰 조직이 성립될 수 없다. 사람이 모든 것을 말로 직접 전달하려고 한다면 어떻게 거대한 국가가 성립되겠는가. 그러나 문자를 써서 보내면 동시에 여러 사람한테 전달할 수 있다. 문자라는 것이 이렇게 엄청난 변화를 가지고 왔으며, 우리에게 엄청난 가능성을 주었다.

생각을 글로 표현하면 사람들의 지성이 엄청나게 발전한다. 문자로 고정된 메시지를 동시에 여러 사람이 읽을 수 있게 된다. 수많은 사람들이 하나의 생각과 사상을 공유할 수 있다. 글 읽는 것 자체가 인간의 의식과 정신에 엄청난 변화를 가져왔다. 최근 어떤 인지 심리학자가 「책을 읽는뇌」라는 책을 냈다. 이 책에 의하면 우리의 뇌는 독서에 알맞게 진화되어 있지 않다. 뇌가 독서를 하게 되어 있지 않기 때문에 글 읽는 것이 인간에게는 자연스러운 것이 아니고 매우 어려운 일이라고 하였다. 그래서 난독증 환자가 많다고 했다.

머리가 좋은데 글은 못 읽는 사람들이 있다. 뇌구조가 진화해서 글 읽는데 적합하게 바뀌려면 수만 년, 수십만 년, 수백만 년 걸리는데 글이 생긴 것은 겨우 5천년 밖에 되지 않았다. 뇌구조는 글을 읽는 것하고는 전혀 무관하게 형성되어 있다는 것이다. 글을 읽기 위해서는 뇌의 구조가 새로운 낯선 회로와 과정을 만들어야 한다. 우리의 몸과 뇌에게 말이

나 이야기는 익숙하지만 글을 읽는 것은 낯선 일이다. 그러나 이렇게 낯선 일을 하면서 사람의 뇌와 의식은 획기적으로 발전했다.

글은 아주 새로운 것이고, 인간의 문명생활에 큰 의미를 가지고 있다. 글이 우리 인지능력과 정신능력을 엄청나게 고양시켰다. 선불교에서는 문자가 깨달음을 방해한다고 해서 문자를 거부하고 문자 없이 깨달음에 이른다는 뜻에서 불립문자(不立文字)를 주장한다. 민중신학도 이야기 신학을 내세우면서 문자에 대한 불신을 드러냈다. 다석은 명상도 많이 하고 깨달음을 추구하면서도 말과 글자를 중요하게 생각했다. 말과 글을 통해서 진리를 발견하고 드러내려고 했다.

다석에 따르면 말(言語)은 우리가 하나님께 올라갈 때 타고 갈 말(馬)이다. 말은 하나님과 사람 사이를 소통시켜주는 매체다. 말은 하나님께 올라가는 영혼의 운송수단이다. 글은 '그리는 것'이며, '그이를 그리워하는 것'이다. 그이는 하나님이다. 동양에서 보면 그이는 군자(君子)이고 기독교에서 말하면 그리스도다. 모두 다 인정하고 우러러보는 사람이다. 글을 읽으면 그이에게로 나가는 것이고 그이가 되는 것이다. 그래서 제대로 된 글은 무슨 글이든 영원한 하나님, 사랑과 정의의 하나님을 그리워하고 그이에게 나가게 한다. 하늘에 대한 그리움이 없고, 영혼이 하늘을 향해 일어서게 하지 않는 글은 바른 글이 아니다.

학교란 글을 배우는 곳이다. 그러나 오늘날 대학에서 배우는 글을 읽어서는 그이를 그리워하는 마음이 나지 않는다. 그이를 그리워하고 그이에게 다가가는 글을 가르치고 있지 않다. 요새 글은 정보 전달의 수단이 되었다. 예전에는 대학교수들이 학문이나 지식을 독점했다. 지금은 웬만한 정보는 인터넷에 다 있다. 정보의 독점이라는 것이 없게 되었다. 그이를 그리워하고 그이가 되게 하는 글을 대학에서 읽고 가르치지 않으면 대학은 존재이유가 없다. 정보만 배운 사람은 혼이 담긴, 제소리가 담긴 글을 쓸 수 없다. 제소리가 담기지 않은 글을 읽고 쓰는 대학에서 어떻게 학문과 인격을 닦을 수 있겠는가.

훈민정음에는 천지인사상이 들어있다.

유영모는 한국의 전통사상에 비추어 한글의 제작원리를 탐구했다. 한국의 전통사상은 천지인(天地人)사상이다. 하늘에 초점을 둔 하늘을 향해서 올라가는 천지인사상이다. 한글의 구성 원리, 창제의 원리에 천지인사상이 반영되었다. 기본적으로 세종대왕의 훈민정음은 천지인 사상과 음양오행사상이 결합해서 제작되었다. 문자의 구성 원리에 깊은 철학이 담겨 있는 것은 세계에서 한글밖에 없다.

한글 기본모음은 천지인 삼재를 나타낸다. 아래아 ·는 하늘이고, ㅡ는 땅이고 ㅣ는 사람이다. 한글에는 초성 중성 종성이 있다. 첫소리, 가운데소리, 끝소리라고도 한다. 첫소리는 하늘, 가운데소리는 사람, 끝소리는 땅을 나타낸다. 모음의 기본원리는 천지인 사상에 따라 구성 되었고 입안에서 자음과 모음의 발음하는 자리와 위치와 성격은 음행오행으로 설명된다. 모음의 구성과 발음은 음양의 이론에 따라 이루어진다. ·을 ㅣ의 밖에다 찍으면 ㅣ·(아) 가 되고, 안에다 찍으면 ·ㅣ(어)가 된다. 이런 방식으로 밖에 찍으면 양모음이고 안에 찍으면 음모음이다. 한글에는 음양오행과 천지인사상이 결합되어 있다.

水 金 土 火 木, 이 다섯 가지가 오행이다. 음양오행론에 따르면 오행이 조합되어 결국 사물, 일, 인생, 역사를 결정한다. 결국 이것은 물질적 결정론이고 유물론이다. 다석은 물질이 아니라 물질과 몸의 주인과 주체인 정신이 결정한다고 보았다. 얼이신 하나님이 결정하는 것이고, 얼과 혼인 내가 결정하는 것이다. 육체나 물질, 물체가 결정한다고 보는 것은 미신이라고 했다. 그래서 주역을 새롭게 해석했고 음양오행설은 결정론으로 잘못된 거라고 봤다. 다석은 음양오행사상의 결정론적인 색채를 자신의 철학과 사상에서 벗겨 내려했다.

이화여대 교수와 충남대학교 총장을 지낸 이정호 선생은 유영모 선생을 찾아가서 훈민정음해례본을 같이 읽으며 배웠다. 여러 가지 도표를 만들어 훈민정음의 기본성격인 천지인 사상을 설명했다. 이정호에 따르면 천지인 사상은 사람이 땅을 딛고, 땅을 박차고 하늘 하나님께 향하여 올라가는 것이다. 훈민정음은 기본적으로 사람을 하늘 아버지께

안내하는 문자다. 훈민정음의 글자들을 조합하여 여러 가지 도표와 그림을 그렸는데 이 도표와 그림들은 모두 사람이 땅에서 일어서서 하늘 하나님께 나가게 이끄는 안내판 구실을 한다. 이정호에 따르면 훈민정음은 사람의 영혼이 하늘로 올라가는 것을 안내하는 그림이다.

내 생명 내가 사는 거다.

통속적으로 주역을 점치는 책이라고 한다. 점치는데 사용하면 운명론이나 결정론에 빠지게 된다. 다석은 주역(周易)을 아주 쉽게 풀이했다. 한 마디로 주역은 '내 생명 내가 사는 것'이라고 했다. 주역을 주체적인 생명철학으로 바꾸었다. 본래 주역은 다석이 해석한 것처럼 주체적이고 생명적인 의미를 지녔을 것이다. 옛날에 사람들이나 왕들이 점을 친 까닭은 개인의 삶이나 나라와 사회의 삶을 바르고 온전하게 실현할 수 있는 길을 찾자는데 있었다. 개인이나 나라의 삶 앞에는 언제나 죽을 길과 살 길이 놓여 있다. 죽을 길에서 벗어나 살 길로 가기 위해서 점을 친 것이다. 어리석게 죽을 길로 빠져 들지 말고 살 길을 찾아서 내 생명을 내가 힘껏 살자는 것이다. 개인이나 나라나 살 길을 찾아서 힘껏 사는 것밖에 없다. 삶의 바른 길을 찾는 것이 주역이다.

주역에는 기본 팔괘가 있다. 건(乾) 태(兌) 리(離) 진(震) 손(巽) 감(坎)

간(艮) 곤(坤)이다. 건은 하늘을 나타낸다. 태는 늪이나 호수를 나타낸다. 리는 불을 나타내고, 진은 우레를 나타낸다. 손은 바람이고, 감은 물이다. 간은 산이고, 곤은 땅이다. 주역은 이 팔괘가 조합되어서 사람과 일의 변화와 길을 나타낸다고 보았다. 그래서 이것을 가지고 점을 쳤다.

다석은 이 팔괘를 다르게 풀이했다. 건은 하늘이니까 우리 마음이다. 하늘은 우리 마음속에 있다. 하늘이 뭄에 와 있다. 그래서 하늘 건은 뭄이다. 태는 늪이고 호수다. 비행기를 타고 위로 올라가서 보면 호수는 지구의 눈처럼 보인다. 호수 같은 눈이라고 하지 않는가? 태는 늪, 호수고 눈이다. 리는 불이다. 진은 아주 큰소리로 우는 우레, '울'이다. 손은 바람인데, 바람은 끊임없이 움직인다. 사람에게서 움직이는 것은 발이다. 그래서 바람을 줄여서 발이라고 했다. 감은 물, 그냥 물이다. 간은 산, 산은 사람의 머리 이마처럼 높이 솟아 있다. 하늘을 보는 지구의 이마다. 지구의 꼭대기 이마는 하늘을 이는 것이므로 '임'이라고 했다. 곤은 땅, 몸하고 일치한다. 몸은 흙으로 된 것이다. 몸은 흙에서 났으니까 몸과 땅은 하나다.

다석은 복희 팔괘를 "뭄, 눈, 불, 울, 발, 물, 임, 몸" 이렇게 이어놓고 "뭄 눈에 불을 올려 우러러 보면서 위로 발을 내딛는 물음을 임 이마에 이고 몸의 머리가 나간다."고 풀이했다. 예수님으로 대체해도 된다. 예수님은 뭄 눈에 불을 밝혀서 하늘을 우러러 보면서 위로 발을 내딛는 물음을 이마에 이고 몸의 머리를 하늘로 향하고 나갔다. 우리도 예수님을 따라서 몸 눈에 불을 밝혀서 올라가야 한다. 우리의 이마는 물음을 가진 이마다. 멍청한 이마가 아니라 사랑과 정의를 묻는 물음을 가진 이마다. 그 이마를 가지고 위로 올라간다.

다석은 문왕 팔괘를 "몸울물임 몸발불눈"으로 읽었다. "몸이 울어야 할 정당한 이유(물음)를 가지고 줄곧 울어서 우는 몸을 이마에 인다."는 뜻이다. "몸울물임" 몸이 울어야 될 정당한 물음을 이마에 이는 거다. 몸이 울어야 할 정당한 이유를 언제나 비워 두어야 한다. 몸이 울어야 할 이유가 무엇이냐? '변함없는 영원한 정의', '불역(不易)의 정(正)'다시 말해 하나님의 정의이다.

주역에서 역(易)은 변한다는 뜻을 지닌 글자다. 불역(不易)은 변하는 세계에서 변하지 않는 것을 뜻한다. 인생에 있어서 변하지 않는 것이 무엇인가. 그것은 하나님의 영원한 정의다. 영원한 정의가 있기 때문에 변하지 않는 '불역'이다. 세상에서는 정치도 변하고 역사도 변하고 다 변한다. 사람 맘도 변한다. 변화무쌍(變化無雙)한 세계에서 변함없는 하나님의 정의로 나가야 하니까 그것이 몸이 울어야 할 이유이다. 다른 일을 가지고 울면 안 된다. 오직 하나님의 정의 때문에 울어야 한다. 예수님은 평생 하나님의 정의와 사랑 때문에 울었다. 그것이 울어야 할 이유이다. 또 우리가 울어야 할 이유이다.

"몸발불눈"에서 몸은 땅을 나타낸다. 발은 땅을 딛고 서있는 것이다.

다석에 따르면 '내'가 땅을 딛고 선 것은 곧 '내 몸'을 밟고있는것이다. 땅이 몸이고 몸이 땅이다. 내가 내 몸을 지금 밟고 있다. 내 몸을 밟는다는 것은 무엇을 말하는 것인가? 몸의 욕심과 허영을 극복하고 이기는 것을 뜻한다. 내 몸만 아끼려는 치사한 생각을 밟아버리는 것이다. 내 몸을 밟아야 내가 하늘을 향해 설 수 있다. 내 몸을 밟지 않으면, 나는 내가 되지 못한다. 땅을 딛는다는 것은 내 몸을 딛는 것이다. 내가 땅을 딛고 선 것은 내가 내 몸을 밟는 것이고, 내 맘을 밟고 맘의 중심을 잡는 것이다.

"몸발불눈", '몸발'은 '몸을 밟는 것'이다. "몸발불눈"은 내 몸을 먼저 밟아 '불 눈', 다시 말해 눈에 불이 들어오게 하여 눈을 밝힌다는 뜻이다. 다석은 자기 철학을 주역의 팔괘에다 알뜰하게 넣었다. 어려운 주역을 누구나 쉽게 이해하게 만들었다."몸발불눈", 내가 내 몸을 밟으면 눈에 불이 들어온다. 눈에 불이 켜지는 것이다. 눈에 빛이 나고 정기(精氣)가 서린다.

십자가와 한글철학이 결합되다.

다석은 한글을 소리글이면서 뜻글이라고 했다. 한글은 글자 하나하나에 뜻이 들어 있다. 다석은 한글의 의미를 새롭게 부여했다. 한글의 첫 글자 ㄱ은 하늘을 향해 선 사람의 머리를 본떠 그린 것이고 하늘을 나타낸다. 하늘 위에서 아래로 내려 그은 모양이다. 하늘의 기운이 밑으로 내려오는 것을 나타낸다. 한글의 둘째 글자 ㄴ은 땅을 딛는 발뒤꿈치를 나타낸 것이다. 땅을 든든하게 딛는 것이 ㄴ이다. ㄴ은 든든하게 땅을 딛고 땅의 기운이 올라오는 것을 나타낸다.

다석은 말에서 진리를 봤고, 말씀이 존재라고 했다. 천지만물이 말씀으로 지어졌다. 이런 다석의 생각은 「요한복음」1장 1~4절에 근거한다. 하나님의 말씀을 로고스라고 했다. 로고스는 그리스 말이다. 로고스는 법칙, 이해, 설명, 말, 원칙, 법으로 쓰이는 매우 중립적인 개념이고 설명적인 개념이다. 그리스와 서양의 철학은 설명하고 해설하는 것이다. 로고스개념도 설명하고 해설하는 거다. 「성경」에서 말씀은 하나님의 뜻이고 의지이고 명령이다. 히브리어로 '다바르'가 말씀이다. '다바르'는 사건이다. 하나님의 명령은 사건을 일으킨다. 신의 명령, 계명, 신의 뜻이 말씀에 담겨져 있다. 동양에서는 천명(天命)이라는 말을 쓴다. 천명이 로고스보다는 '다바르'신의 계명에 가깝다.

다석은 「바른 소리, 옳은 소리(正音)」라는 시조형태의 글에서 십자가와 한글을 일치시켰다. 한글의 ㅡㅣㆍ는 천지인이다. "ㅡㅣㆍ 나투신 나무에 달린 사람… 예수". '나투신'은 '나타내신'이다. '나무에 달린 예수', 나무는 십자가다. 십자가 형태하고 천지인 ㅡㅣㆍ 하고 일치 된다. ㅡㅣㆍ를 겹쳐 놓으면 십자가가 된다. 이런 생각은 다석에게서 나온 것이다. 이정호 교수가 다석의 이런 생각을 발전시켜서 한글철학을 제시했다. 십자가와 훈민정음의 천지인이 결합된다. 예수의 십자가 정신이 한글철학에 나타난다.

다석은 단군을 등걸(檀君)이라 했다. 최남선에 의하면 단군은 몽고어로 '텡그리'이다. '텡그리'를 다석은 우리말로 등걸이라고 했다. 나무 등걸은 통나무를 말한다. 다석의 주장에 따르면 박씨는 단군 박씨고, 단군의 직계자손이다. 왜냐하면 박(朴)자가 둥글 박자이기 때문이다. 단군이 등걸이고, 둥글이다. 예수는 나무 등걸인 십자가에 달렸으니까 단군과도 만나고 훈민정음의 천지인과도 하나로 만난다.

하늘과 땅을 잇는 것이 사람이다.

다석은 성인(聖人)을 '씻어 난 이'로, 현인(賢人)을 '닦아 난 이'로 표현했다. 성인(聖人)은 하늘의 기운과 얼로 씻어서 새로 난 이다. 현인(賢人)은 수련과 수행으로 닦은 이다. 농학교수 유달영 선생님이 유영모 선생님한테 농업이라는 말의 우리말이 무엇인가 여쭈니 농업은 '여름질', 농사꾼은 '여름지기'라고 했다. 열매를 열게 한다는 말이다.

생명의 본성과 사람의 사명을 다석은 하늘과 땅의 소통에서 봤다. 하늘과 땅을 잇는 것이 사람이다. 하늘의 마음, 영, 뜻이 땅의 물질 속에 들어가서 생명의 역사가 시작되었다. 생명진화역사는 땅의 물질에서 하늘의 영으로 올라가는 과정이다.

생명진화의 목적은 땅에서 하늘로 올라가는 것이다. 생명이 땅에서 벌레처럼 기어 다니다가 네발로 기다가, 사람에 와서 하늘을 향해 우뚝 일어 선 거다. 사람에 와서 생명진화가 완성되고 실현이 되어 목적에 이르는 것이다. 사람이 꼿꼿하게 선(直立) 목적이 무엇인가. 하늘로 올라가서 하늘과 사귀자는 것이다. 그것이 바로 민주의 근거와 목적이다. 한 사람 한 사람이 하늘을 모시는 주체로서 서야 한다. 하나님을 모시는, 하늘을 직접 상대하는 주체로서 꼿꼿이 서는 것이 민주(民主)다.

다석은 민주를 '다세움'이라고 했다. 다 서는 거다. 독재는 홀로 서는 외기둥이고 혼자서 누리는 외누리다. 모두가 일어나서 기둥 구실을 하는 것이 민주의 원리이고 하늘과 땅을 잇는 것이다. 우주에서 우뚝 서있는 주체가 되어야 한다. 천지인 사상에서 ㅣ를 강조한 다석의 철학을 박영호는 막대철학이라고 했다. 막대기처럼 꼿꼿하게 선다. 다석은 생명과 사람의 본성을 곧은 것으로 보는 성직설(性直說)을 내세우고 싶다고 했다.

다석은 여러 가지 양생법과 장생법을 수련했으나 결국 몸과 마음을 곧게 하는 것이 수련의 기본이고 으뜸이라고 했다. 몸과 마음을 곧게 하면 숨이 편안하게 깊게 쉬어 진다. ㅣ철학은 몸과 마음을 곧게 하는 철학이다. 막대기 철학이다. 몸과 마음이 나무처럼 꼿꼿하게 서는 것이다. 막대기처럼 통나무처럼 꼿꼿하게 서면 반드시 둥그런 하늘로 올라간다. 하늘은 둥그렇고 원만하다. 둥그렇고 원만한 하늘의 세계는 하나님의 정의의 세계이다. 빈탕한 데의 자유로운 하늘나라는 내가 곧은 막대기가 되어서 곧게 섬으로써 올라갈 수 있는 나라다. 정신이 구부러지고 흐트러지면 생리와 심리의 세계도 혼란에 빠지고, 사회도 흐트러진다. 그러나 곧은 사람(ㅣ)이 누리(ㅡ)를 뚫고 솟아오르면 둥글고 원만한 하늘(·)로 통한다. 곧으면 원만하고 형통한다.

제10강

예수와 함께 그리스도로 살면서 그리스도를 찬미하다

다석
유영모

예수는 자연생명한테 배우고 깨달았다.

오늘은 스승의 날이면서 10회 학당이다. 다석은 '열'(10)을 새롭게 열린다는 뜻으로 봤다. 10은 끝나는 것이 아니라 새로 시작하는 것이다. 씨올재단에서 씨올공동체 모임을 1년 남짓 모이고 있는데, 말 그대로 씨올모임이 되려고 애쓰고 있다. 사람들은 다른 것은 없어도 스승이 있어야 한다고 한다. 그러나 나는 다른 것은 몰라도 스승은 없어야 한다고 생각한다. 그 이유는 원래 씨올은 속에서 스스로 싹트는 존재이기 때문이다. 사람의 영혼도 속으로 깨달아야 싹이 튼다. 스승은 밖에서 끌어주는 존재가 아니다. 스승이 있다면 스승은 자기 속에 있다.

83년 8월 경, 나는 감옥에서 나와서 함석헌 장기려 선생들이 이끄는 수련회에 참석했다. 그때 함 선생이 지나가다가 나를 보더니 멈춰서 "스승은 밖에 없다."그런 이야기를 했다. 나는 함 선생의 말씀을 듣고 감동도 많이 받고, 참 많이 배운다고 생각하여 '나의 참 훌륭한 스승이다.'라고 생각하던 때다. 함 선생은 "스승은 없어, 이 안에 있지."하면서 스승이 맘 속에 있음을 강조하셨다. 이것이 씨올정신이다. '스승은 안에 있다. 하나님이 스승이고, 그리스도가 스승'이다.

나의 「씨올사상」책에서 섬기는 지도자의 모범으로 예수하고 이승훈을 제시했다. 예수는 누구냐. 한마디로 스승이 없는 분이다. 스승을 원하지 않아서가 아니라 형편이나 처지가 스승을 가질 수 없는 분이다. 예수는 갈릴리 나사렛 산골의 가난한 농부의 자식인데 무슨 교육을 받고 어떤 스승이 있었겠는가. 문자를 해독했는지 안했는지 판단하기가 어렵다. 당시에는 99%가 문맹이었다. 그렇다면 당연히 예수도 문맹이어야 한다. 그러나 당시 유대인들은 성경전통이 강해서 성경의 문자전승도 강했고, 구전전승도 강했다. 예수는 문맹이었다 하더라도 구전전승으로 성경의 중요한 대목을 잘 알고 있었다.

예수의 머리는 매우 영특하다. 성경의 중요한 대목들을 다 몸과 마음에 새겼다. 예수한테 학교 선생이 있었던 것도 아니고, 가까운 스승이있었던 것도 아니다. 그렇다면 어떻게 해서 예수는 예수가 되었는가. 예수는 스스로 배우고 깨달았다.

예수에게도 스승이 없지 않았다. 자연이 그의 스승이었다. 그는 하늘의 종달새, 들에 피는 들꽃에서 인생과 우주생명의 진리를 보고 배웠다. 이웃이 그의 스승이었다. 농부가 씨 뿌리고 씨가 자라나는 것을 보면서, 어부들이 그물질 하고 여인들이 맷돌질하고 누룩을 빚는데서 그리고 어린아이가 자라고 노는 모습에서 하늘나라의 진리를 배웠다.

스승이 없으니까 자연생명한테 배웠다. 천지만물로부터 배운 것이다. 삶 자체로부터 배웠다. 삶이 스승이다. 분명히 예수는 농사꾼이고 노동자였다. 땀 흘려 일하면서 자기가 하는 노동 속에서 배웠다. 자기 노동이 자기 스승이다. 자기 몸이 자기 스승이다. 자기 마음이 자기 스승이다. 예수 자신이 예수의 스승이다. 그래서 예수는 예수가 되었다. 예수님처럼 옹근 사람이 없다.

소크라테스가 있고, 노자가 있고, 공자가 있고, 맹자가 있고, 장자가 있고, 석가가 있어서 위대한 깨달음이 있지만 한쪽으로 치우쳐 있는 것을 느낀다. 예수의 가르침 속에도 모순과 갈등이 있다. 그러나 예수는 누구보다도 철저하게 몸(身)적이다. 몸에 대하여 충실했다. 또 누구보다도 영(靈)적이다. 영에 충실했다. 몸과 영은 대립되고 갈등할 수 있지만, 예수는 양쪽에 충실했다.

예수는 "하늘나라가 가까이 왔다. 회개하고 복음을 믿으라."고 했다. 하나님 나라가 가까이 왔다는 말은 역사의 근본적인 변혁을 이야기한 것이다. 회개는 정신을 근본적으로 새롭게 하는 정신혁명을 말한 것이고, 복음을 믿는 것은 자유와 해방의 새 삶을 앞당겨 사는 생활혁명을 나타낸다. 예수의 짧은 말 속에 역사혁명, 정신혁명, 생활혁명이 결합되어 있다. 보통 사람들은 신학자도 그렇고 운동가도 그렇지만, 한쪽으로 치우치게 마련이다. 똑같이 양쪽을 강조하고 실행한다는 것이 어렵다. 그러나 예수는 한쪽으로 치우치지 않으신 옹근 분이다.

예수는 통사람, 옹근 사람이다.

함 선생이 노자, 장자, 석가 얘기를 많이 했다. 그러나 예수를 최고로 높였다. 예수를 "통사람, 옹근 사람"이라고 말했다. 통사람, 온 사람, 숨이 막히지 않는 숨의 사람이라고 했다. 예수는 생명의 사람이다. 한정지을 수도 없고, 나눌 수도 없다. 공자나 석가, 소크라테스는 다 배운 구석이 있다. 다 배경이 있다. 그러나 예수는 무식꾼이다. 스승이 없다. 제가 저의 스승이다. 예수는 그래서 예수가 되었다. 바꿔 말하면 자연이 스승이다. 바람, 물이 스승이다. 노동 속에서 배웠다. 그래서 예수는 나누어지지가 않는 제대로 된 사람이다.

인류의 가르침에서 영원히 이어질 것이 있다면 예수의 가르침이다. 예수의 가르침에는 영적인 깨달음뿐 아니라 삶 자체가 녹아있기 때문이다. 어떤 이는 예수가 인도 유학을 가서 불교를 배웠다고 한다. 종교 다원주의를 좋아하는 사람들은 예수가 12살에 성전에서 학자들과 토론한 다음 30살부터 공생활을 했으니까 18년 동안 무엇을 했느냐고 하며, 인도에 가서 불교를 배웠을 것으로 추측한다. 그러나 우리나라로 치면 예수는 '노동자 전태일'같은 사람이다. 전태일이 미국 유학 갔다 와서 노동운동 했다고 하면 말이 되는가. 미국 유학 간 것이 전태일에게 무슨 자랑이 될까.

예수는 농촌에서 스스로 하늘을 보고 배우고, 제 숨 속에서 배웠기 때문에 예수가 될 수 있었다. 남의 가르침을 듣고 깨달은 것이 아니다. 하나님이 가르친 것이다. 하늘의 새가, 자연생명이 가르쳤다. 하나님은 예수만 차별해서 가르치지 않는다. 하나님이 왜 사람을 차별하겠는가. 하나님은 우리도 가르친다. 하나님은 지금도 누구나 가르치고 있다. 예전에도 그렇고 앞으로도 그럴 것이다. 그런데 왜 예수만 예수가 되었나? 그것은 예수만이 억지를 쓰지 않고 있는 그대로 하나님의 가르침을 진실히 배웠기 때문이다. 그래서 예수가 되었다. 대학에서 못 배우고 유학 못 갔다고 주눅이 들 필요가 없다.

함 선생의 표현대로 예수는 성경을 제멋대로 해석한 사람이다. 성경을 제멋대로 해석을 하니까 예수가 된 것이다. 바리새파는 공부를 많이 했다고 하면서 만날 하는 소리가 모세가 뭐라고 했고, 예언자가 뭐라고 했고, 어디에 뭐가 쓰여 있다고 말한다. 그러나 젊은 청년예수는, 모세는 그렇게 얘기했지만 난 이렇게 이야기 한다고 했다. 얼마나 무서운 얘긴가. 스승이 없으니까 그렇게 이야기 하는 것이다. 스승이 있다면 우리 스승님이 이렇게 말씀했는데 하면서 말했을 것이다. 하나님에게서 직접 배운 예수는 자신이 하나님의 아들이라는 것을 깨달았다. 자기뿐만 아니라 모두가 하나님의 아들딸이라는 것을 깨달았다. 유영모 선생님과 함석헌 선생님은 이러한 예수의 삶과 깨달음을 잘 알아 보셨다.

2천 년 전에 살았던 젊은 청년예수는 예수의 삶과 가르침에서 드러났던 그 진리, 생명, 영, 하나님과 구별된다. 청년예수는 2천 년 전에 십자가에 달려 죽었다. 청년예수도 중요하고, 그 예수가 드러내 보인 '진리와영'의 그리스도도 중요하다. 이 둘은 구별되면서도 긴밀히 결합되어 있다. 십자가에 달려죽은 예수가 교회에 제대로 전해지지 않았다. 왜곡되고 변질되어 버렸다. 결국 마지막에는 서양교회가 예수를 잊어 버렸다. 교회가 예수를 버린 것이다. 예수의 이름만 전해진 것이다. 예수를 잃어버린 교회에는 '진리와 영'의 그리스도도 살아 있지 않다.

유영모와 함석헌은 예수의 그 정신과 실제생명을 드러내어 살리려고 애썼다. 유영모는 예수 그리스도를 "이어서 그리스도록"으로 풀이했다. '내'가 예수를 이어서 그리스도의 자리에 서는 것이 예수를 믿고 따르는 것이라 했다. 내가 예수 그리스도를 사는 것이다. 다석의 삶과 사상 속에서 동양 아시아의 영성과 예수의 생명과 영성이 주체적으로 대등하게 만났다. 주체적으로 대등하게 만나서 하나로 통하게 했다. 한국민족이 예수를 주체적으로 만났다. 우리 민족도 주체고 예수도 주체다. 근대화와 민주화운동의 중심에 기독교가 있는 것을 보면 한민족이 문화적 역사적 주체성을 가지고 예수를 받아들였다는 것을 알 수 있다. 이런 사례는 세계사적으로 찾아보기 어렵다. 유영모와 함석헌의 씨올사상은 예수를 온전하게 주체적으로 받아들이자는 사상이다.

고난의 노동자, 농민, 빈민이 예수다.

스리랑카 신학자 알로이스 피어리스(1934~)는 유명한 아시아의 해방신학자다. 아시아의 선교신학이론을 잘 제시했다. 그러나 이 이론은 한국에 안 맞는다. 유영모 함석헌의 사상과는 거리가 있다. 한국의 신학자 가운데는 피어리스를 소개하는 사람은 있어도 그의 신학이론이 우리선교 현실에 맞지 않다는 것을 밝혀 말하는 소리를 들어보지 못했다. 피어리스는 기독교 토착화 과정을 라틴모델, 그리스모델, 북유럽모델, 아시아모델로 제시했다. 그러면서 아시아인의 심성에 맞게 토착화하려면 아시아의 가난과 영성을 받아들이면서 수행적인 기독교가 되어야 한다고했다.

인도, 스리랑카, 베트남은 우리 상황과 다르다. 불교와 유교의 전통이 대단히 강하고 그 전통이 문화와 사회를 지배하고 있다. 그러니까 기독교가 들어가고 싶어도 들어갈 수가 없다. 당시 한국의 상황은 불교와 유교가 약해지고 국가권력까지 허약한 상태였다. 한국의 지배 권력이 약해졌을 때 문이 열렸다. 열렸을 때 기독교가 쑥 들어왔다. 그래서 한국 민중과 서구정신문화가 주체와 주체로서 만날 수 있었다. 한국기독교는 변두리에서 맴돌지 않았다. 그에 비해 인도, 스리랑카는 불교와 힌두교가 완전히 지배했기 때문에 기독교가 아직도 변두리에서 헤매고 있다. 피어리스의 아시아모델 주장은 이런 상황에서 나왔다. 그러나 다석은 이미 피어리스가 태어나기도 전에 수행적인 기독교를 몸소 실행했다. 한국의 기독교는 민족사회와 문화의 중심에 들어왔으며 다석의 기독교는 아시아의 영성과 종교를 강화했다.

함석헌은「흰 손」이라는 시에서 미신적 속죄론을 비판하고 부정했다.

> 네 만일 그 피 마셨다면이야,
> (왜, 내 살 먹어라, 내 피 마셔라 하지 않더냐?)
> 그러면야 지금 그 피 네 피 속에 있을 것 아니냐?
> (네 살에, 뼈에, 혼에, 얼에, 뱄을 것 아니냐?)

함석헌은 예수를 받아들이는데 이렇게 몸으로 받아들였다. 얼과 혼으로 받아들였다. 그러면서 예수의 피만 믿으면 죄 씻음 받고, 구원을 받는다는 대속속죄론을 부정했다. 예수의 피를 믿으면 죄 씻음과 구원이 저절로 일어난다고 여기는 것은 미신이라고 했다. 예수의 피가 효험이 있으려면 내 손바닥에서 피한방울이라도 날 수 있어야 한다. 나 자신이 예수의 피에 참여하고, 예수의 피가 내 삶에 참여함으로써 구원이 일어나는 것이지, 참여하지 않고 믿기만 하면 예수의 피가 구원을 일으킨다고 하는 것은 미신이라는 것이다. 유영모 함석헌은 미신적 속죄론을부정했지만, 내 삶과 영혼이 참여하는 속죄론은 인정했다. 이들은 주체가 참여하여 스스로 죄를 씻고 갚는 자속(自贖)을 말하면서도 전체생명의 자리에서 의로운 피의 대속(代贖) 능력도 인정하였다. 의인의 피는 강력하다. 한 사람 의인의 피로도 한 사회가 깨끗해지고 낫는다고 다석은 말하였다.

「이사야서」53장 4, 5절에 '고난의 종'이 나온다. "그는 실로 우리가 받아야 할 고통을 대신 받고 우리가 겪어야 할 슬픔을 대신 겪었다. 그러나 우리는 그가 징벌을 받아서 하나님에게 맞으며 고난을 받는다고 생각하였다."를 인용하고 다석은 이렇게 말했다. "세상에는 우리 대신 고생하는 사람들이 얼마나 많습니까? 무식하고 가난하고 고생하는 동포 그들 가운데는 하나님의 종이 얼마나 많습니까. 서울 구경 한번 못한 촌뜨기들 가운데 얼마나 많은 예수가 섞여 있습니까? 특히… 우리들의 더러움을 대신지는 어머니들, 노동자들, 이들은 모두 우리를 대신해서 짐을 지는 예수들입니다."이어서 다석은 5절의 고난의 종을 '그들', 즉 '어머니들, 농민들, 노동자들'로 대체하여 읽는다. "그들이 찔린 것은 우리의 허물 때문이고, 그들이 상처를 받는 것은 우리의 약함 때문이다."

이들이 이렇게 찔리고 고통을 당하고 고난을 겪기 때문에 우리의 병이 치유되고, 우리의 죄가 씻음 받고, 우리의 생이 풍성해 진다는 것이다. 다석은 오늘의 노동자, 농민, 빈민, 여성들이 고난의 종이며 예수라고 했다. 지금 굶주리는 사람들 속에 그리스도가 계시다. 이렇게 고난받는 노동자 농민 빈민을 '오늘의 예수'로 보았다. 함석헌도 1930년대에 한국민족 전체가 십자가를 지고 세상을 구원하는 어린양이라고 했다. 한국 민중의 고난의 역사에 십자가 구원의 원리를 적용해서 우리 민족이 예수처럼 십자가 고난을 지고 세상을 구원하는 구원자라고 하였다. 이런 사상은 세계의 신학역사에 찾아보기 어렵다.

1970, 80년대에 민중신학이 미국과 유럽과 아시아에 전파되면서 큰 반향을 불러일으켰다. 민중신학의 핵심은 민중이 고난의 종이라는 얘기다. 오늘의 민중이 십자가의 예수와 같다는 말이다. 이 메시지가 서구의 신학계를 놀라게 했고, 큰 감동을 주었다. 민중이 고난의 종이라는 통찰을 맨 먼저 한 사람은 유영모 함석헌이다. 민중신학자들이 이 사실을 밝혀야 했다. 안병무 박사, 서남동 박사도 모르고 지나갔다. 유영모는 50년대에 강의 속기록을 남겼는데 그때 이미 이런 사상을 말했다. 함석헌은 30년대에 쓴 「성서적 입장에서 본 조선역사」에서 한국 민중이 고난의 메시아라고 했다.

예수는 참다운 목숨, 참다운 생명이다.

예수를 속죄론의 관점에서 보고 죄를 많이 얘기하면 예수를 부정적이고 소극적으로 이해하게 된다. 다석은 예수의 길이 사람과 하나님이 서로 환하게 되는 길이라고 하였다. 생명을 중심으로 예수를 생각하는 것이 더 좋다고 했다. 요한복음은 예수로 말미암아 하나님이 영광을 얻고, 예수도 하나님으로 인해서 영광스럽게 됐다고 하였다. 다석은 예수님과 하나님을 직결시켰다. 하나님의 아들 예수가 영광을 받으면 하나님도 영광을 받고, 하나님이 영광을 받으면 아들인 예수도 영광을 받는다는 것이다. 아들인 예수와 아버지 하나님을 동일시했다.

다석은 영광이라는 말을 '환빛'이라고 했다. 영광이라는 말이 정복자를 연상시키거나 뭔가 남 위에 군림하는 것으로 생각하게 되는데, 다석은 영광을 환하게 빛나는 것으로 봤다. 하나님이 환하게 드러나는, 예수가 환하게 드러나서 뚜렷해지는 것으로 봤다. 환빛(照明)을 받아서 존재가 뚜렷해지는 것이다. 세상 사람들은 다 평면에서 이해관계로 싸우고, 똑같은 논리로 싸우고, 똑같은 짓을 한다. 더 많이 먹고, 더 많이 가지고, 제 이름이 더 커지기를 바라고, 높은 자리에 올라서 큰 힘을 휘둘러 보려고 한다. 모두 하는 생각이 똑같다. 이런 생각을 가지고 치고받으면 뚜렷해 질 수가 없다. 아무리 잘난 사람도 이렇게 하다보면 그냥 땅에서 뭉그러지고 만다.

예수는 세상의 이런 다툼에서 벗어나 하나님을 향해서 하나님의 아들로서 우뚝 섰다. 하나님의 아들이 되었다. 이것이 뚜렷해지는 거다. 환빛을 받는 거다. 그래야 하나님이 살아계신 것을 사람들이 알게 된다. 제정구 같은 사람이 있으니까 사람들이 정의가 있는 줄 안다. 하나님의 사랑과 정의가, 하나님 나라가 있는 줄을 알게 된다. 그렇게 하는 것이 우뚝 서는 것이고 영광을 받는 거다.

다석은 예수의 길을 영구혁명의 길로 이해했다. 과거(過去)는 지나가는 것이고 허물(過)이다. 지나가는 시간에 매이면 안 된다. 과(過)는 허물이니까 벗겨버리고 끊임없이 새롭게 나가야 한다. 새 생명을 향해서, 하나님을 향해서 허물을 벗겨버리는 것이 개혁이다. 과거에 머물면 안 된다. 과거를 벗겨버리고 순간순간 앞으로 나아가야 한다. 그것이 영구혁명이다. 예수의 길이다. 예수를 따라가는 거다. 머리카락부터 발톱 끝까지 개혁, 영속개혁에 들어가는 길이다.

다석은 예수를 한 개인으로 보지 않고 예수를 통해서 영원한 생명, 참생명이 드러났다고 봤다. 오늘 우리 역사 속에서 예수의 생명이 완성되고 있다. 하나님이 이 세상에 주신 생명의 본성과 사명, 보람과 목적을 예수는 제대로 드러내고 실현한 분이다. 예수는 바로 참다운 목숨, 참다운 생명이다. 참다운 목숨과 참다운 생명을 드러내셔서 그 생명이 되신 분이다. 오늘의 예수가 누구냐. 우리 속에서 참다운 목숨과 생명을 실현하고 완성하는 일을 함께 하고 계신 분이다. 예수는 우리 속에서 지금 살아 계신다. 우리의 공동체적인 생명을 완성하기 위해서 살아계신 거다.

함 선생은 1970년대 강연하실 때, 우리 민족이 지금 아기를 낳고 있다. 우리 민족이 지금 예수를 배고, 예수를 낳고 있다고 말했다. 예수는 늘 새 생명으로 우리 속에서 태어나고 있다. 예수는 우리를 완성하고, 우리 안에서 완성되는 존재다. 예수는 새 나라, 새 공동체다. 새 나라, 새 공동체를 낳기 위해서 한민족이 진통을 겪고 있다. 말년의 다석일지에 예수 이름이 자꾸 나온다. 나라 이야기도 많이 나온다. 단군이 세운 등걸 나라, 세종이 내신 훈민정음 한글, 예수나라 이 셋을 늘 한 줄로 꿰고 계신다. 최남선은 단군이 몽골어로 '텡그리'(하늘, 天神)라고 했다. 다석은 단군 텡그리를 '등걸'(나무 등걸)이라고 했다. 등걸은 신령한 생명(神木)을 나타낸다. 한글을 통해서 우리 얼과 정신을 바로 세운 등걸나라가 예수가 말씀하신 거룩한 하늘나라다. 단군이 하늘을 열고 세운 우리나라는 한글을 바로 쓰고 한글의 정신에 따라서, 그리고 예수를 따라 하나님을 향해서 나아가면 우리나라가 거룩한 나라, 예수의 하늘나라가 된다. 다석은 예수나라와 등걸나라를 일치시킨다.

씨올사상, 죽어서 웃는 것이다.

"모난돌이정맞는다."는 말이 있다. 모난 돌은 돌망치에 얻어맞기 쉽다는 것이다. 뚜렷해지려다가 두드려 맞는 수가 있다. 중뿔나게 옳은 행실이나 특출한 무슨 통찰력이 있는 것도 아니면서 까불까불하다가 두드려 맞는 사람이 있다. 또 정말 진리의 모가 나고, 사랑의 모가 나는 사람은 대체로 두드려 맞는다. 또 두드려 맞아야 사람들이 그분을 존경하고 따른다. 예수님도 제대로 얻어맞았다. 옳은 소리, 옳은 짓을 하면 감옥가게 되고, 십자가에 죽게 된다. 그런 것이 뚜렷해지는 것이다. 삶이라든지 말이라든지 가는 길이 뚜렷하다. 제정구 선생만 봐도 뚜렷하다. 유영모 함석헌도 다 뚜렷했다.

다석은 정통주의 신앙에서 벗어나 노자, 불경을 공부했다. 일찍이 동양적이고 과학적이고 보편적인 생명철학을 확립했다. 도덕적이면서 생명적이고, 과학적이면서 보편적인 철학에 이른 것이다. 또 50세가 될 무렵부터는 체험적인 신앙과 깨달음을 추구했다. 숨에 대해 깊이 생각하고, 다석(多夕)이라는 호를 썼다. 보편적인 철학이나 도덕에 머물지 않고 체험하는 기쁜 진리를 추구하면서 기독교 신앙에 깊이 들어갔다. 다석은 석가 공자 노자의 가르침을 배웠지만 예수가 보여준 그 길이 진리의 길이라고 여겼다. 또 천지인 합일 체험을 한 후부터는 한국적인 철학, 한글철학, 천지인 철학을 통해서 다시 진리의 보편성에 이르렀다. 우리가 하늘(하나님)의 아들이 되어서 예수와 함께 십자가에 달려서 아들노릇을 하고 하늘과 땅 사이에 우뚝 서야한다. 이것이 천지인합일 철학이며, 기독교신앙이다.

다석은 원죄라는 말을 쓰지는 않았지만, 인간의 근본적인 죄를 불교에서 말하는 탐진치(貪瞋痴)로 봤다. 마음, 생명, 본능의 뿌리에 탐진치, 탐욕, 분노, 어리석은 생각이 있는데 이것이 근본의 악이고 죄이다. 이 탐진치는 우리사회, 인류전체가 가지고 있다. 다석은 탐진치를 극복해서 우리가 '얼나'가 되어야 한다고 했다. 그러면서도 탐진치가 살림밑천이고, 탐진치가 있어서 우리가 살고 위로 올라간다고 했다. 이게 모순이지만 모순은 모순대로 두어야 한다고 했다. 탐진치는 생명의 원초적 본능과 의지에서 나온 것이다. 그런 의미에서 탐진치는 생을 움직이는 동력이다. 그러나 탐진치는 인간의 삶과 사회를 혼란과 갈등 속으로 몰아넣고 온갖 고난과 번민에 빠지게 한다. 인간의 과제는 원초적인 생명력을 잃지 않으면서도, 그것을 상생과 공생의 공동체적 동력으로 순화하는데 있다.

다석의 신앙은 능동적이고 주체적인 신앙이면서 하나님의 힘과 뜻에 의해서만 될 수 있다는 수동적인 신앙을 견지했다. 내가 움직이지 않고 되는 것은 하나도 없다. 내가 최선을 다해서 일해야 하나님이 일을 이루어 주신다. 95%의 하나님 능력과 5%의 인간의 노력으로 구원된다는 말은 어불성설이다. 100% 하나님의 은혜와 100% 인간의 노력으로 되는것이다. 예수를 믿고 십자가를 지는 것이 아니라, 십자가를 지고서 예수를 믿는 거다. 먼저 삶이 있고, 그 다음에 믿음이 있고, 그리고 깨닫는 것이다.

씨알은 먼저 땅바닥에 떨어져 깨지고 죽어야 새 생명활동을 펼칠 수 있다. 사람도 먼저 십자가를 져야 한다. 삶 속에서 먼저 죽어야 한다. 죽어서 다시 사는 것이다. 그래서 예수를 따르는 길은 십자가 죽음의 길이다. 십자가를 진다는 것은 인생과 사회의 밑바닥에 서는 것이고 스스로 자신을 죽이는 것이다. 나는 이미 죽었다. 이미 밑바닥에 있다. 더 내려갈 데가 없는 바닥에 선 사람에게는, 스스로 죽음을 경험한 사람에게는 절망이 없다. 이미 죽어서 삶의 나락에 선 사람에게는 웃을 일밖에 없다. 죽어야 웃을 수 있다. 죽음으로써 웃는 것, 죽어서 웃는 것, 죽어서 새 생명을 싹트는 것, 이것이 씨올정신이고 씨올사상이다. 씨올사상은 근원적인 삶과 죽음의 자리로 들어가는 것이다. 그러면 사는 길, 사는일만 있다.

제11강

기독교·유교·불교·도교의 회통 : 빈탕한데 맞혀 놀다

생각은 삶이 익어서 나오고, 몸에서 생각을 캔다.

우리의 삶에는 기독교, 유교, 불교, 도교의 전통이 깊이 들어와 있다. 이러한 기독교, 유교, 불교, 도교의 전통을 다석은 하나로 통합해서 회통시켰다. 유교의 전통 속에서만 살아왔던 사람들이 기독교 전통을 만나서 유교와 기독교의 생각을 뛰어 넘는 새로운 생각의 세계를 열었다. 생각의 새 지평을 열었다. 이것은 새로운 삶의 세계를 열었다는 것과 같은 말이다.

우리는 보통 추리하고 머리 굴리는 것을 생각하는 것으로 여기기 쉽다. 그런 것은 참된 생각이 아니다. 참된 생각은 삶 속에서 우러나오고 삶 속에서 익어서 나오는 것이다. 그 생각이 또 삶을 형성한다. 마음을 다해 착하게 살려고 생각하는 사람은 반드시 착하게 살게 된다. 못된 생각을 하고 못되게 살려는 사람은 분명히 못된 사람이 된다. 사랑만 집중해서 생각하는 사람이라면 사랑하는 사람이 될 것이다. 정의를 생각하면서 끊임없이 정의를 위해서 살겠다고 다지고 정의를 붙잡고 사는 사람은 반드시 의로운 사람이 되고 만다.

손가락으로 책상을 뚫겠다는 생각을 하고 그 일념을 가지고 그 생각을 몸에 실어서 10년, 20년, 30년 두드리면 책상이 뚫어진다고 어느 차력사가 말했다. 정말 뚫어질 것이다. 그러나 적당히 머리만 굴리고 몸하고 마음하고 따로 놀면 수십 년을 두드려도 안 뚫린다. 매일 30분씩이라도 몸과 마음을 통일해서 뚫는다고 생각하면 뚫어진다는 거다.

우리가 이론적으로 유심론, 유물론으로 갈라놓고 있지만, 실제를 보면 생각에서 나오지 않는 것이 없다. 카메라나 옷이나 컴퓨터나 책상이나 집이나 다 생각을 거쳐서 생각에서 나오는 것이다. 원시시대에 인류는 돌을 무기와 도구로 썼다. 돌을 도구로 쓰자고 하는 생각이 없었으면 돌을 도구로 쓰지 못했을 것이다. 그것도 처음에는 돌을 깨뜨려서만 썼다. 거의 2백만 년 동안 그것을 갈아서 쓰겠다고 생각한 사람이 없었다. 1만 5천년 또는 1만년 쯤 전에 어떤 사람에게서 돌을 깨뜨리지 말고 갈아보자는 새로운 생각이 나왔다. 돌을 갈아보자는 생각이 나온 다음부터 신석기 시대가 되었다.

구석기 시대와 신석기 시대 사이에는 큰 차이가 있다. 인류의 살림이 크게 달라졌다. 대체로 신석기 시대에 농경과 가축사육이 시작되었다고 한다. 돌을 갈아서 써보자는 작은 생각이 그런 큰 변화를 가져왔다. 지금 생각하면 돌을 깨뜨려서 쓰느냐, 갈아서 쓰느냐 하는 것은 큰 문제가 아닌 것 같다. 그러나 그 시대 사람들에게는 백 만년, 이백 만년이 지나도록 돌을 갈아 만들어서 쓰자는 생각이 나오지 않았다. 생각이 얼마나 중요한지를 알 수가 있다. 그 다음에 구리가 나오고, 쇠가 나오고 그 다음에 뭐가 나오고 하는데 다 사실은 생각에서 나오는 것이다. 그러나 생각만 중요하고 노동은 중요하지 않다는 얘기가 아니다. 생각과 노동, 몸과 정신을 이원론적으로 갈라놓아서는 안 된다. 일하는 몸의 움직임 속에서 생각이 나오고 생각이 몸의 움직임을 만들어 낸다.

김연아가 올림픽에서 우승을 했다. 몸과 마음을 집중한 결과다. 여기서 몸이 먼저냐 마음이 먼저냐 생각하는 것은 어리석은 것이다. 마음으로 생각을 안 하고 몸만 열심히 굴렸다면 저렇게 우아하고 완벽한 연기가 나올 수 없다. 아마 머릿속으로 생각을 수없이 했을 것이다. 수천 번, 수만 번 생각하고 마음에 집중했을 것이다. 우아하고 자연스러운 생각이 우아하고 자연스러운 미소와 몸짓과 동작을 만들어낸다. 다석은 몸에서 생각을 캐낸다고 했다. 몸과 삶에서 생각이 나오는 것임을 말한 것이다. 몸에서 생각이 나오기도 하지만 생각이 몸을 만든다고 해도 된다. 다석은 생각을 생명의 행위라고 했다. 생각은 생명을 형성하는 행위다. 생각이 내 존재의 끝을 불사르고 나를 새롭게 낳고 나를 형성하는 것이라고 했다.

씨올사상이 사람들 속에 사무칠 때 씨올세상이 온다.

다석은 기독교·유교·불교·도교의 벽을 허물어서 하나의 사상세계, 하나의 정신세계, 하나의 철학을 만들었다. 서양에서도, 동양에서도 못했는데 유영모 함석헌 선생이 했다. 그 의미가 매우 크다. 우리나라 사람들은 중국 사람들이 형성한 유교세계권 안에서 이천 년 동안 살았다. 우리 머릿속에 장유유서(長幼有序)라는 생각이 안 들어가 있는 사람이 없다. 지금도 군대뿐 아니라 대학교에서도 2학년 학생이 신입생 위에 군림한다. 서양 사람들이 보면 웃길 정도로 한국인들은 이런 생각에 매어있다. 한국인은 사람을 볼 때 나이부터 생각하기 마련이다. 민주화운동 했다고 하면서도 말이다.

우리가 왜 그런가. 공자님이 말한 장유유서라는 것이 우리 삶과 생각을 다 지배하기 때문이다. 부모에게 효도해야 한다. 이 한마디가 이천 년 동안 우리를 지배했다. 생각이라는 것이 이렇게 무섭다. 그래서 생각을 바꾸는 철학이 중요하고, 새 생각을 형성하는 종교문화가 중요한 거다.

다석은 4대 종교의 벽을 허물어 새로운 언어를 만들었다. "빈탕한데 맞혀 놀다.(與空配享)"이 짧은 말 속에 유교, 불교, 도교, 기독교의 기본 생각이 녹아 있다. '빈탕'은불교, '한데 놀다'는도교, '제사 지내듯 맞혀'는 유교를 나타낸다. 또 빈탕한데를 하나님의 마음과 품으로 보고 하나님 아버지의 맘과 뜻에 따라 어린 자녀가 놀이하듯 살자고 함으로써 기독교적으로 해석했다. 우리나라 사람뿐 아니라 인류가 유영모의 언어를 익히면 민주적이고 자유롭고 형통하고 사랑이 넘치면서도 정의로우며, 영성이 심오한 삶을 살 수 있다. 다석의 가르침 속에는 예수정신이 녹아 있고, 공자의 전통도 탈바꿈되어 들어와 있고, 민주정신과 과학정신이 배어 있다. 서양 사람이나 동양 사람이나 다 다석이 이룩한 언어와 생각의 세계에서 살 수 있다. 지금의 장유유서가 한국 사람의 의식을 지배하는 것처럼 씨ᄋᆞᆯ사상과 정신이 사람들의 의식 속에 스며들 때, 정의로운 민주사회, 공정사회가 될 것이다.

빈탕한데 맞혀 놀다. 제정구가 말하는 '가짐 없는 큰 자유'와 통하는 말이다. 빈탕한데는 가짐 없는 세계다. 빈탕한데의 하늘은 아무도 가질 수 없다. 가질 수 없는, 가짐 없는 빈탕한데에 큰 자유가 있다. 가난한 사람이 하늘나라를 차지한다고 예수도 말했다. 빈탕한데, 하늘나라, 가짐 없는 큰 자유에서 보면 '가난한 사람이 세상의 근본'(貧者天下之大本)이고, 햇빛에 그은 농부의 얼굴이 화광동진(和光同塵), 진인(眞人)이다. 이런 생각을 사무치게 하면 씨ᄋᆞᆯ 민주 민중이 생각과 삶의 중심에 온다. 이런 생각이 사람들의 마음에 스며들어가면 민주세상이 온다. 장유유서, 군신유의(君臣有義) 생각에 사무쳐 있는 사람들이 민주주의 이야기를 하면 민주주의가 되느냐. 아니다. 아직도 '민심을 달랜다.'고 말하는 정치인들이 있다. 민을 철없이 떼쓰는 어린애로 보던 캄캄한 왕조시대의 언어를 밝은 세상에서도 쓰고 있다. 유영모는 민을 어버이처럼 받들어 섬겨야 한다고 했다. 민이 어버이라면 민심을 받들고 따른다고 해야지 민심을 달랜다고 하면 안 된다. 천년이 가도, 백년이 가도 다석의 씨올사상이 사람들 속에 사무칠 때 씨올세상 민주세상 민중세상이 올 것이다. 단순히 투표를 해가지고 되는 것이 아니다. 생각이 바뀌어야한다.

다석은 중용(中庸)은 "줄곧 뚫림이다."라고 했다. 유교의 중용은 무엇인가. 가운데 중(中)자는 마음인데 본연의 마음의 품성, 치우치지 않고 모자라지도 않는 본연의 성품, 마음자리를 나타낸다. 용(庸)은 무엇인가. 쓴다는 말이다. 변함이 없이, 한결같이 쓰는 거다. 그래서 유교의 중용은 본래 치우치지 않는, 기울지 않는, 차고 넘치지 않는 성품으로 한결같은 것이다. 중용은 변함없는 중심을 잡는 거다.

다석은 중용에서 중(中)은 가운데라는 뜻도 있지만 뚫는다는 뜻도 있다고 했다. 중(中)은 가운데를 뚫는 거다. 용은 쓰는 것이고 줄곧 한결같다고 했으니까 줄곧 뚫리는 것이 중용이다. 유교의 중용은 인간마음의 중심이 한결같은 것이다. 다석의 중용은 우리 마음의 중심이 뚫려서 하나님의 거룩한 영과 통하는 것이다. 줄곧 뚫려서 하나님과 만나는 것이 중용이다. 줄곧 뚫려서 나와 하나님 사이에 성령의 바람이 불어오는 것이다. 마음의 중심이 줄곧 뚫려서 하늘의 바람을 품고 사는 이가 한결같은 사람이고 마음의 중심을 잡고 일의 중심을 잡고 사회의 중심을 잡는 사람이다.

빔을 품어서 아름답고 깨끗하게 산다.

다석은 중용을 기독교적으로 해석했다. 다석은 신(神)과의 소통을 말하고, 인간의 내적혁명과 쇄신을 강조했다. 기독교의 관점을 바탕으로 삼고서 인간의 본성을 살리고 키우는 유교적 수행과 실천을 강조했다. 이렇게 함으로써 유교의 사유지평과 기독교의 사유지평이 융합된다. 결국 내 본성을 살리는 것은 내 속이 줄곧 뚫려서 내 본성 바탈을 살리고 키우는 것이다. 유교와 기독교의 사유지평이 융합됨으로써 새로운 세계가 열린 것이고 유영모의 철학 안에서 우리가 전혀 새로운 세계로 지금 들어가는 것이다. 유영모의 철학과 생각을 받아들여서 우리가 계속해서 이 사상과 정신 속에서 살면, 매일 이 사상과 철학을 생각하면서 살면 유교 불교 기독교가 하나로 녹아드는 정말로 놀라운 정신의 세계를 구현할 수 있다.

유교에서 부자유친(父子有親)은 아버지와 아들의 사귐을 뜻하는 말이지만, 아버지한테 잘해라. 아버지와 친하게 지내라는 얘기다. 다석은 예수님이 하늘의 아들로서 하나님과 사귀고 하나님 아버지의 뜻을 받들어 모신 것을 부자유친으로 봤다. 아버지를 하나님으로 바꾸어 놓음으로써 부자유친 사상의 근본을 바꿨다. 하나님을 아버지로 삼으니, 우주가 하나의 품 안에 들어오는 것이다. 전 인류가 하나님과 부자유친함으로써 새로운 가족공동체가 된다. 하나님이 아버지이고 엄마이면 우주 모든 생명세계가 하나님을 부모로 한 형제자매가 되는 것이다. 그것이 하늘나라다. 다석의 부자유친은 하늘나라운동이다.

부자유친이란 말이 불편하게 느껴질 수 있다. 가족의 테두리에 갇히는 가족주의를 연상시키기 때문이다. 다석은 아버지를 육친의 아버지가 아니라 하나님이라고 함으로써 가족의 울타리를 벗어나 생각과 삶의 경계를 우주적으로 확장했다. 또 부자유친은 가부장적 냄새를 풍겨서 여성들을 불편하게 한다. 아버지와 아들만의 사귐이라면 어머니와 딸의 자리가 없다. 아버지나 부자유친이란 말은 다 그 시대의 한계를 드러내는 말이다. 아버지 대신 어머니, 아들 대신 딸을 말하고 모녀유친(母女有親)을 말할 수 있을 것이다. 그래도 반쪽밖에 안 된다. 사람의 말 자체가 이런 한계를 안고 있다. 그래서 함석헌 선생은 하나님을 아버지라고 하기보다 '벗'이나 '친구'로 생각해야 할 것이라고 말했다. 중요한 것은 하늘, 하나님과 사귀는 것이다.

하늘을 상대하는 세 가지 길이 있다. 지천(知天), 낙천(樂天), 친천(親

天)이다. 지천은 지천명이라고도 한다. 하늘의 뜻을 아는 거다. 낙천은 하늘의 뜻을 즐거워하고 하늘의 뜻에 순응하는 거다. 지천과 낙천은 하늘이 대상으로 남는다. 사람과 하늘 사이에 거리가 있다. 친천은 부자유친하는 것인데 하나님의 아들로서 하나님과 더불어 아버지가 하는 일을 함께 하는 것이다. 아버지가 하는 일이 무엇인가. 우주만물을 창조하고, 역사와 사회를 이끌어 가는 것이다. 하나님 아버지와 함께 우주의 주인 노릇을 하는 것이다. 친천은 하나님과 우리가 더불어서 하나님의 일에 동참하는 것이다. 정말 민주(民主)가 되는 거다. 친천하는 인간은 하늘의 자녀로서 자유로운 주체이며 하나님의 일 즉 하나님 나라를 이룬다. 친천은 최고의 높은 경지로 하나님과 동역자(partner)가 되는 것이다.

격물치지에 대한 다석의 해석도 전통적인 유교의 해석과 다르다. 전통적인 유교에서는 사물과 일의 세계를 탐구하여 지극한 지식에 이르는 것으로 이해했다. 다석은 물질, 사물, 일을 탐구의 대상으로만 보지 않고 주체로 보았다. 서양과학에서는 물건은 죽은 객체다. 분석하고 분해하는 대상이며 파괴하고 착취할 수 있다. 다석은 물건을 산 주체로 보았다. 물건도 신비의 차원이 있고, 하늘에 까지 닿는 존재의 깊이가 있다. 그 존재의 깊이가 바로 존재와 운동의 주체다. 물건의 주체를 살려서 그 물건세계의 깊은 신비로운 세계를 열어 가면 끊임없이 풍성한 것이 나온다는 거다. 그 주체에서 끊임없이 뭐가 나와서 우리의 삶을 풍성하게 해주는 거다. 이것이 서양 사람들하고 근본적으로 달라지는 거다.

다석은 자연세계를 주체로 대했다.

개물성무(開物成務), 물건의 세계를 열어서 우리의 삶을 풍요롭게 한다. 무궁무진한 것이 나온다. 이렇게 물질과 자연을 주체로 대하면 생태계의 파괴가 일어나지 않는다. 물질과 자연을 대하는 이러한 차이가 자연생태세계에 결정적이고 근본적인 차이를 가져온다. 자연 속에서 우리가 풍요로운 것을 누리면서도 자연과 공생 공존할 수 있다.

불교는 만물을 빔(空)이라고 생각했다. 다석은 빔이라는 것이 마음속에 있다고 봤다. 마음이 원래 빈 것이다. 다석은 마음속에서 빔을 확인하고 빔 안에 마음이 있다고 했다. 석가가 번뇌를 끊고 빈 마음(열반)의 상태에 이르러 거기에 머무는 것을 강조했는데 다석은 "내 마음을 자꾸 내가 내야한다."하고 "산다는 것은 자꾸 움직여 나가는 것"임을 강조했다. 석가보다 다석은 생명의 시간적 역동성을 더 강조했다.

공(空)을 강조한 것은 똑같은데 석가는 번뇌를 멸한 빈 마음의 세계에 머물러 있고, 다석은 비운 마음에서 끊임없이 마음을 붙잡고 일으켜 세워야한다고 했다. 자꾸 나를 움직여 나아가야 한다고 했다. 솟아올라 앞으로 나아간다. 박영호 선생은 이것을 압축적으로 '솟나'라고 했다. '솟난다.'솟아올라 앞으로 나아간다. 시간적이고 역동적이며 생명적이다. 또 허공을 품어야 아름답고 깨끗하게 산다고 했다. 우리 마음속에 빔이 있어야 아름답고 깨끗하게 산다. 제정구 선생은 마음속에 빔을 품어서 아름답고 깨끗하게 산 것이다. 유영모 함석헌 선생님도 다 그렇게 살았다.

"내가 내가 되는 것"그것만을 추구한다.

다석은 평생 도(道)를 닦으신 분이고 몸과 마음을 닦았다. 그러나 도교에서 말하는 장생불사(長生不死)는 안 믿었다. 몸을 입고 영원히 살려고 하는 것이 종교를 망친다고 했다. 몸은 언젠가는 소멸된다. 몸을 입고 영생하려고 하기 때문에 도교가 천박하게 되었고, 기독교가 미신이 되었다. 몸은 언젠가는 썩는 것이다. 다석은 "곧이 곧장", "곧은 것," "내가 내가 되는 것"그것만을 추구했다. 곧이 곧장으로 나아갈 때 비로소 두루 도(道)에 통한다고 생각했다. 몸과 마음이 곧으면 숨도 깊게 잘 쉬어지고 몸 전체가 하나로 통해지며 도가 다 통한다. 곧음과 곧장이 몸과 맘에 매우 중요하다고 했다.

도교의 핵심개념이 무위자연(無爲自然)이다. 다석은 무위자연을 "몸은 몸대로 하고, 몸은 몸대로 되게 하라"라고 표현했다. 다석은 욕심과 집착에 매인 맘과 욕심과 집착에서 자유로운 몸을 구별했다. 내가 내 몸을 마음대로 할 수 있다는 것은 욕심이나 집착에서 자유롭다는 것을 뜻한다. 내가 어떤 욕심이 있고 야심이 있고 집착이 있다면 마음이 편하지 않다. 사람을 대할 때 솔직할 수가 없다. 내가 내 몸을 내 몸대로 못하는 것이다. 착하게 살고 싶어도 착하게 살지 못한다.

내 몸을 내 몸대로 하려면 내 몸에 빔이 있어야 한다. 허공이 있어야 한다. 아무 것에도 집착하지 않으면 내 마음을 마음대로 할 수 있다. 물건에 대한 집착이 없어야 한다. 몸의 욕심이나 집착이 없어야 한다. 그러면 비로소 몸은 몸대로 할 수 있고, 또 몸도 물질도 마음의 어떤 집착과 지배에서 벗어날 수 있다. 마음에 집착과 욕심이 가득하면 몸이 불편하다. 다석은 몸이 몸을 자유롭게 놔주면 몸이 편해진다고 했다. 몸이 편해지면 몸은 몸의 본성과 이치에 따라 실현되고 완성된다. 그것이 몸이 몸대로 되는 것이다. 몸이 몸대로 몸의 본성과 이치에 따라 실현되고 몸을 몸대로 하는 것 그것이 무위자연이다. 다석이 어떻게 기독교·유교·불교·도교를 회통할 수 있었나?

첫째 다석이 살았던 한국이라는 땅에서, 동아시아에서 동서문명이 서로 주체적이고 창조적으로 만났기 때문이다. 다른 곳에서는 동서문명이 깊이 만나기가 어려웠다. 동서문명이 융합하는 문명사적 상황과 현실이 동서 정신문화를 통합하는 사상에 이르게 했다. 다석은 문명사적 시대정신과 상황을 받아들여서 충실하게 생각했다.

둘째 다석 자신이 기독교 신앙을 가졌지만 제도나 교리의 형식으로부터 벗어나서 삶 자체에 충실했다. 예수도 하나님도 오늘의 이 삶 속에 살아계신다고 봤고, 다석은 오늘 이 삶 자체에 충실했다. 삶이라는 것은 회통적, 종합적인 거다. 삶은 열려 있고 통하는 거다. 삶은 주체이면서 전체다. 삶은 공명하는 것이고, 하나로 울리는 것이다. 다석이 삶에 충실했기 때문에, 그의 철학이 삶의 철학이었기 때문에 회통이 가능했다. 서재에서 이론을 가지고 따지면 절대로 회통이 안 된다. 생명에 충실하니까 회통되는 거다.

셋째 절대 하나의 하나님 신앙이 회통에 이르게 했다. 다석은 하나님 앞에서 갈라 질 수 없다고 봤다. 절대 하나의 하나님인데 하나님 앞에 네 것 내 것이 따로 있을 수 없다. 기독교 불교 도교 유교 이런 것을 다 따로 갈라놓을 수 없다. 하나님 안에서는 다 하나이다. 하나님 신앙이 철저하니까 하나로 꿰뚫려 질 수밖에 없다.

넷째 다석 자신이 천지인 합일체험을 했다. 53세 설날 아침에 북한산 꼭대기에 올라가서 명상하고 기도할 때 하늘과 땅과 자기가 하나가 되는 아주 벅찬 체험을 했다. 깨달음의 경지에 간 것이다. 몸과 마음이 벌써 천지인 합일이 되는 체험을 했으니까 분열이 어디 있겠는가. 다 하나로 꿰뚫린다.

다섯째 한민족의 정신사상은 하나가 되는 것을 좋아하는 '한'사상이다. 한이라는 것이 무엇인가. 하나로 통하고 뚫리는 것이다. 우리의 사상적인, 철학적인 자질과 성품이 한이다. 하나 되는 거다. 우리 역사의 모든 천재적인 철학자들, 사상의 업적을 낸 사람들은 종합의 대가들이다. 분석철학을 한 사람이 없다. 종합의 대가들이며 종합을 잘한다. 그래서 다석도 종합을 잘한 것이다. 그래서 회통됐다. 세계화 시대에 우리 민족의 사명이 있다. 우리는 세계가 하나가 되게 하는 것을 할 수 있다. 잘 갈라지기도 하지만 근원적으로 우리 속에 하나 됨의 열망이 있다. 하나 됨을 위한 소질, 서로 다른 것들을 함께 아우르고 어울리게 하는 힘과 지혜를 지니고 있다.

제12강

하나로 돌아가다(歸一)

사랑과 정의에 의해서만 대동세상이 이루어진다.

오늘 주제는 '하나로 돌아가다'이다. 다석이 말하는 '하나'는 대동(大同)을 뜻한다. 유교나 불교에서도 대동세상이라는 말이 자주 나왔다. 대동이란 무엇인가. 큰대(大) 같을 동(同), 크게 하나가 된다는 뜻이다. 다석이 '하나로 돌아간다.'(歸一)고 할 때 이 '하나'는 바로 '큰 하나 됨', 대동(大同)이다. 대동(大同) 세상을 추구하는 것은 온 사람들이 양반과 상놈을 가리지 않고 크게 하나가 되는 세상을 추구하는 것이다. 다른 말로 하면 사랑과 정의가 실현되는 세상이다.

사랑과 정의에 의해서만 대동세상이 된다. 대동세상을 추상적으로 생각하기보다는 구체적인 우리의 삶속에서 생각해봐야 한다. 대동세상을 추구하던 제정구 선생은 청계천판자촌에서 아주 형편없이 사는 사람들을 봤을 때 충격을 느꼈다. 그 곳은 사람이 정상적으로 살 수 있는 그런 자리가 아니었다. 청계천판자촌에 사는 사람들은 우리사회에서 '전혀 다른 사람들'이었다. 제 선생은 대학교에서 학생운동을 열심히 했다. 사랑과 정의의 세상, 대동세상을 꿈꿨다. 그런 그가 청계천판자촌에 와보니까 그동안 구호로 외쳤던 사랑과 정의가 추상이 아니라 구체적으로 절실하게 이곳에서 이루어져야 한다고 느꼈다. 청계천의 가난한 사람들과 하나가 될 때 정말 하나가 되는 대동세상이 이루어진다.

우리사회에서 '하나가 됩시다. 하나가 됩시다.'하고 아무리 이야기를 해봐야 공허한 구호에 그치기 쉽다. 정말 하나가 될 수 있는 자리가 어디인가. 대통령이나 재벌이 노숙자들하고 하나가 되지 않으면 정말 하나가 되는 나라는 없다. '하나가 되는 나라', '한 나라'가 되려면 노숙자, 노동자, 농민, 빈민의 심정과 처지를 이해할 수 있어야 한다. 가난한 민중의 심정을 생각하고 이해하는 마음이 조금이라도 있어야 한다. 그렇지 않으면 하나의 나라가 아니라 다른 나라, 딴 나라가 된다. 노숙자, 농민, 빈민을 빼놓고 하나가 되자고 좋은 이야기 많이 해봐야 그건 쓸데없는 얘기다. 나라를 사랑하자고 아무리 이야기해봐야 그 나라는 잘사는 사람들만 위한 나라이지 노숙자나 고통 받고 있는 가난한 사람들의 나라는 아니다. 고통 받고, 밀려나고, 소외되고 있는 사람들을 끌어 안을 때, 그 사람들과 하나가 될 때 대동세상이 이루어지고 하나로 돌아가는 일이 일어난다. "아픔과 쓴맛을 같이 맛볼 때에만 나와 남 사이를 가로 막는 산과 골짜기를 넘어서서 온 세상에 넘치고 넘치는 늠실늠실 춤을 추는 꿈을 이룰 수가 있을 것이다."("속알", 다석일지(영인본) 상. 863쪽)

사람의 할 일은 귀일, 하나님의 할 일은 통일이다.

서로 다름과 하나 됨에 대해 생각해 보자. 생명과 정신은 스스로 하는 주체를 가진 존재다. 스스로 하는 존재이기 때문에 다를 수밖에 없다. 달라야 한다. 스스로 하는 정신과 혼을 가진 사람들이 모인 세상은 다양할 수밖에 없다. 천지만물이 다양하고, 생명세계가 다양하다. 생명과 존재의 또 다른 특징은 서로 공명하고 소통하고 하나가 되는 것이다. 서로 다른 다양한 생명은 공명하고 전체와 통하는 것이다.

다석은 끊임없이 주체인 '나'를 깊이 파고 들어갔다. 다석사상의 핵심은 내가 나답게 되는 것이다. 내가 나답게 되면 개성적으로 되고 서로 다르게 된다. 그러나 주체의 깊이에 들어가면 전체하나의 자리에 가 닿는다. 다석은 주체성과 전체성의 일치를 끊임없이 얘기하고 있다. 내가 나답게 살면, 내가 참나가 되면 내가 전체의 자리에 서게 된다. 하나님의 나라는 다른 것이 아니다. 가장 주체적인 자리이면서 가장 전체적인 자리다. 그것을 통합하는 것이 하나님이다. 적어도 다석은 그렇다. 서로 다름과 하나 됨이 일치가 된다. 이것은 평면의 논리에서는 모순이다. 그러나 서로 다른 개성과 하나로 되는 전체가 일치하는 생명과 정신의 논리는 입체의 논리, 깊이의 논리, 초월의 논리다.

인류역사는 끊임없이 통일을 지향해온 역사다. 인간이 살아 있는 동안 끊임없이 세계를 통일하려했다. 자기가 가 닿을 수 있는 영역 내에서 통합하려했다. 그렇지만 이제까지의 통합과 통일의 방식은 지배와 정복의 방식이었다. 권력과 군사력, 정치력과 경제력으로 타자들을 통합하고 지배하는 폭력적이고 강제적인 통합이다. 다석은 그것을 각자의 스스로 함'을 짓밟고 파괴하는 통일로 봤다. 그것은 지배와 정복, 파괴와 억압이지 참다운 통일이 아니다.

세계사에서 정복과 파괴의 통일은 끊임없이 시도되고 성취되었지만 또 끊임없이 허물어졌다. 어떤 군왕이 나와서 세계를 정복하고, 제국을 세우면 그 제국은 필연적으로 허물어진다. 모든 제국주의는 자살적인 경향을 가지고 있다. 모든 제국주의는 자기 안에 허물어지고 파괴되고 소멸하는 이유와 원인을 가지고 있다. 왜냐. 다 스스로 하는 주체적인 존재인데 어떤 놈들이 작당을 해서 자기 혼자만 제멋대로 하기 위해서 다른 사람을 짓밟는 것은 생명과 정신의 스스로 하는 본성을 거스르는 것이다. 모든 제국주의는 생명과 정신의 본성에 맞서는 것이다. 그러니까 끊임없는 모순을 내포하게 된다. 그래서 무너지고 만다.

하나님의 뜻, 하늘의 뜻이 무엇인가. 인간과 생명세계와 우주만물을 하나로 되게 하는 것, 그것이 하나님의 뜻이다. 예수는 누구인가. 하나님의 아들로서 하나님의 그 뜻을 절실하게 받아서, 그 뜻을 이루기 위해서 목숨을 바친 사람이다. 예수의 하늘나라는 무엇인가. 하나님 안에서 하나님 뜻을 이루는 것이다. 하나님의 뜻은 하나님 안에서 모두 하나가 되는 것이다. 예수의 가르침 내용도 같다. 하나님을 아버지로 모시고 모든 사람들이 형제자매가 되어서 하나의 가족을 이루는 것, 이것이 하늘나라다. 하나님의 뜻대로 행하는 것이 내 형제요 내 자매다. 또 하나님의 뜻은 서로 사랑하는 거다. 하나님 나라는 하나님 안에서 서로 하나가 되는 운동이다.

예수의 하늘나라 운동은 하나 되는 운동이다. 예수의 하나 되는 운동은 제국주의의 하나 되는 운동과 정반대되는 운동이다. 제국주의 통일운동이 남의 스스로 함을 짓밟고 남위에 군림한다면 예수의 통일운동은 한 사람 한 사람을 하나님의 자녀로, 주체로서, '나'로서 세워주는 운동이다. 주체로 세워주는 것이 바로 하나님 안에서 하나 되는 거다. 주체와 전체가 하나 되게 하는 것, 이것이 하늘나라다. 다석은 사람이 통일하는 것은 불가능하다고 했다. 사람은 통일할 수 없다. 왜냐. 사람이 통일을 하려고 하면 내 뜻이나 내 주장을 가지고 다른 사람들을 강요해야 하는 것인데 그것은 참다운 통일이 아니라는 것이다. 그것은 남을 파괴하는 것이다. 사람의 할 일은 하나님께로 '하나'로 돌아가는 귀일(歸一)밖에 없다. 우리는 하나님께로만 돌아가면 통일은 하나님이 해주신다. 사람의 할 일은 귀일, 하나님이 할 일은 통일이다.

하나가 되는 사랑이 생명진화의 동력이다.

다석은 '하나'를 관념이나 원리로 이해하지 않았다. 자신의 삶과 정신 속에서 우주 생명세계의 실재로서 '하나'를 체험적으로 파악했다. '하나'는 관념이나 생각이 아니라 우주에 가득 차 있는 원리이고 실재이다. 체험적으로 하나를 경험하면 그 '하나'가 하나님이다. 체험을 하니까 인격적으로 와 닿는다. 그 하나는 하늘이고 하나님이다. 다석의 귀일사상에서 보면 '하나님'이란 말보다는 '하나님'이라는 말이 더 좋아 보인다. '하나님'에는 '하나'라는 뜻하고 '님'이라는 뜻이 포함되어 있다. 다석의 하나는 전체의 하나다. 모든 것을 아우르는 하나다. 모든 것을 아우르는 대표가 누구인가. '하나님'이다.

'하나'가 나누어진다면 무(無)와 유(有), 있는 것과 없는 것, 이 둘밖에 없다. 있다고 할 수 있는 것과 없다고 할 수 있는 것에 포함되지 않는 것은 없다. 그런데 하나라는 것은 무엇인가. 없는 것과 있는 것을 하나로 꿰뚫어서 통합하는 것이다. 유무상통(有無相通)이다. 다석을 좋아하는 경기도의 어떤 신부님이 사는 마을 이름을 '유무상통마을'이라고 했다. 유무상통이 하나이고 귀일이다. 있는 사람은 있는 것을, 없는 사람은 없는 것을 서로 나누고 서로 통하게 하는 거다. 추상이 아니다. 이 말은 형이상학적으로 매우 깊은 말이면서 아주 현실적인 개념이다. 있는 사람은 없는 사람과 '있음'을 나누고, 없는 사람은 있는 사람과 '없음'을 나눌 수 있다. '없는 것'이야말로 정말 크고 자유로운 것이다. 가진 자와 안 가진 자가 서로 상통하는 그것이 하나이다.

하늘과 땅 사이에 곧게 선 인간의 존재는 천지인 합일의 우주적 형이상학적 실재를 드러낸다. 하늘과 땅 사이에 곧게 선 인간의 존재는 하늘과 땅과 인간이 하나가 되는 우주적이고 형이상학적인 영성적 그 실재를 드러낸다. 머리를 들고 똑 바로 서 있는 인간의 모습은 20억년 동안 생명진화과정의 역사를 나타낸다. '하나'는 천지인 합일의 우주적 형이상학적 실재이고, 우주의 생명진화사적 과정을 이끌어 온 힘과 목적이다.

생존투쟁과 무한경쟁을 내세우는 기업경영 원리나 정치원리는 생명진화사적 과정과 현실에 부합하는 것이 아니다. 우리는 삶 자체의 본성이나 목적이 생존투쟁과 경쟁이 아니라고 분명하게 말해야 한다. 사람의 입은 개나 사자나 호랑이처럼 물어뜯도록 진화하지 않았다. 손톱과 발톱도 퇴화되어 남의 목숨을 할퀴고 찢을 수 없게 되었다. 사람의 몸 자체가 사람의 본성이 생각하는 지성과 사랑하는 영성의 존재임을 밝히 드러낸다. 전쟁을 하고 폭력을 휘두르는 것은 아직도 짐승의 버릇과 습관을 버리지 못했기 때문이다. 사람이 사람으로 된 것은 생각하고 말하고 서로 협력할 수 있었기 때문이다.

사랑과 나눔, 희생을 이야기하면 종교적인 이야기로 취급하고 비현실적인 주장이라고 한다. 7~80년대에 정략적이고 투쟁적인 주체사상이나 마르크시즘으로 머리가 막힌 사람들이 있었다. 생존투쟁이론이나 사회 계급투쟁 또는 경쟁주의가 왜곡되어 주입되었다. 이것을 정치인, 교수, 보수언론들이 사회를 이끌어가는 담론으로 삼고 있다. 생각과 정신이 막혀 있다. 낡은 생각과 이론을 버리지 않으면, 생태학적 위기를 넘어서 세계평화와 통일로 가는 문명사적 전환을 이룰 수 없다.

우리가 바라는 세상을 분명하게 말해야 한다. 시장이나 국회의원 선거할 때 분명하게 말해야 한다. 노숙자나 가난한 사람들이 일 할 수 있도록 길을 열어주고 돈을 못 버는 사람들에게는 인간답게 살 수 있도록 나라에서 돈을 모아서 생활비를 마련해 주라고 말해야 한다. 인간답게 사는 것을 보장해 주는 것이 나라다. 국민이 나라의 주인이면 주인을 주인답게 대접하라고 말해야 한다. 우리가 먹고 입고 자고 교육받는 일을 제대로 할 수 없는 나라는 '우리나라'가 아니다. 먹고 입고 자고 교육받는 일은 삶의 기본조건이며, 삶의 기본조건은 경쟁의 대상이 되어서는 안된다.

유영모 함석헌의 사상은 잘못된 세상을 바로잡고, 씨올이 주인되는 대동세상을 이루자는 것이다. "민심을 달래야 한다."거나 민심을 위무

(慰撫)해야 한다는 식으로 말해서는 안 된다. 이런 말은 왕조시대나 쓰던 말이다. 국민을 떼쓰는 어린애로 보니까 "민심을 달래야 한다."는 말이 나온다. 나라의 주인을 달랜다니 말이 안 된다. 이런 말은 다 왕조시대에 백성을 어리석고 못난 어린애로 보던 낡은 생각에서 나온 것이다. 국민이 나라의 주인이라면 국민의 마음을 받들고 섬겨야지, 국민의 마음을 달랜다거나 무마한다는 건방진 말을 해서는 안 된다. 다석은 민(民)을 '어버이 뵙듯'해야 한다고 말했다. 이승훈, 유영모, 함석헌처럼 민을 어버이로 섬기는 민주정신이 사무친 사람은 없다.

제 눈을 제대로 보는 것이 하나의 세계로 들어가는 것이다.

둘이 아니면 없는 것이다(不二卽無). 조금 어려운 말일 수 있다. 보편적으로 세상에 존재하는 것을 유와 무로 나눌 수 있다. 둘이라는 말은 유와 무, 음과 양을 나타낸다. 음양, 유무는 세상을 둘로 나눌 때 나누어진 것을 대표하는 말이다. 둘부터 서로 맞서는 상대세계라고 한다. 상대세계를 뛰어넘은 유일신(唯一神), '절대하나'라는 말은 사실 우리 머릿속에 들어 올 수 있는 말이 아니다. 하나, 둘, 셋 할 때의 하나는 생각할 수 있지만 '전체 하나'라는 것은 생각할 수가 없다.

생각은 언제부터 가능한가. 다석에 의하면 셋부터 생각할 수 있다. 왜냐. 생각하려면 생각하는 주체가 있고 생각하는 대상이 있어야 한다. 둘이다. 그러나 인식주체와 인식대상만 있어도 생각이 안 된다. 인식대상과 다른 것을 비교할 수 있을 때 비로소 생각이 가능해진다. 크다, 작다. 깨끗하다, 더럽다. 희다, 검다. 이렇게 비교할 때부터 생각이 시작된다. 인식주체가 인식대상과 비교할 수 있는 제 삼자가 있어야 한다. 그래서 셋부터 생각할 수 있는 것이다.

다석은 '유일'이라든지 '절대하나'는 모름의 캄캄한 세계라고 했다. 우리 생각이 들어갈 수 없는 캄캄한 세상이고 모르는 것이다. 유일신 외에 다른 신을 섬기지 말라는 말은 성립이 안 된다. 신이라는 말이 성립되려면 사실은 유일신밖에 없다. 유일신인데 다른 신이 있을 수 없다.

불교철학이나 동양철학에서 불이즉무(不二卽無)는 둘이 아니면 바로 무(無), 없는 것을 나타낸다. 유무의 상대세계를 넘어서면 곧 무의 세계로 들어간다. 절대 무의 세계로 들어간다고 한다. 그 절대의 무가 '하나'이다. 유일의 세계, 하나의 세계는 절대 무의 세계에서만 성립된다. 있고 없음의 상대세계에서는 '하나'의 세계가 성립이 안 된다. 상대세계 '둘'의 세계를 떠날 때 '하나'의 세계가 성립한다.

다석이 풀이한 '둘'은 참 오묘하다. 둘은 하나 둘 할 때의 둘이면서, 있음과 없음의 상대세계를 나타낸다. 상대세계에 있는 것은 가질 수 있고,

소유할 수 있다. 다석은 '둘'을 '둘 수 있다'는 뜻으로 창고에다가, 호주머니에다가, 내 통장에다가 넣어 '둘 수 있다'는 뜻으로 풀이했다. 놀라운 철학적인 설명이다. 불이(不二)는 상대세계를 부정하는 말이다. 둘이 아니면, 둘 수 없으면, 상대세계가 아니다.

둘 수 없는 것, 가질 수 없는 것은 하나의 세계다. 가질 수 없고 둘 수 없는 것은 '하나'다. '하나'는 가질 수 없다. '하나'는 둘 수가 없다. 참된 진리는 소유할 수 없다. 하늘은 가질 수 없고, 소유할 수 없다. 사랑도 참 생명도 가지거나 소유할 수 없다. 가질 수 있는 '둘'의 세계를 넘어선, 가질 수 없는 세계는 무의 세계이고 하나의 세계이다.

제정구 선생이 '가짐 없는 큰 자유'를 얘기했다. 큰 자유는 가질 수 없는 큰 자유다. 돈이든 권력이든 지식이든 무엇을 가지면 큰 자유를 누릴 수 없다. 가질 수 없는 세계에 '하나'의 세계, 대동세계가 있다. 그 하나의 세계에 들어가야 큰 자유를 누릴 수 있다. 이 '하나'를 버리지 말자. 늘 하나를 품고, 늘 하나를 모시고 남과 더불어 살자. 이것이 다석의 인생관이다. 하나를 버리고 사는 사람, 저밖에 모르는 사람, 그런 사람들은 다른 사람들을 짓밟고 사는 사람들이다. 다른 사람들을 희생시키면서 사는 사람들이다.

다석은 "시시비비 따지는 것은 내가 지은 망령이요…하나님을 믿고 만족하면 일체의 문제가 그치고 만다. 시비의 끄트머리는 철인의 경지에 가야 끝이 나고 알고 모르는 것은 유일신에 가야 넘어서게 된다."고 했다. 사람들은 상대세계의 있음과 없음을 말하며 시시비비를 따진다. 알고 모르는 것도 상대세계의 얘기다. 절대 무의 세계에 들어가면, 하나의 세계에 들어가면 알고 모름을 넘어서는 경지에 이른다.

다석일지에 "봄눈은 스러지고 눈 봄은 쓰러짐"이라는 글이 있고, 이 글 끝머리에 '제 눈 제 보길 걸'이란 구절이 나온다. 제 눈을 제가 볼 수가 있나. 제 눈을 제가 못 본다. 눈이라는 것은 다른 것을 볼 수가 있지만 자신을 볼 수는 없다. 그러나 정말 자기를 비우고 하나의 세계에 들어가면, 하나가 되면 제 눈을 제가 볼 수 있다. 성경의 바울이 그렇다. 엘리트로서 예수와 제자들을 박해하다가, 박해자로서 박해 받는 사람들을 만났을 때 정말 유무상통이 일어나고, 대동정의가 이루어졌다.

무식한 예수와 예수제자들을 잡아 죽이려고 가는데 예수를 만나서 바울은 쓰러졌다. 예수를 만나는 순간, 제 자신을 볼 수 있었던 거다. 제 눈을 제가 볼 수 있었다. 제 눈을 보는 순간 제 눈 속에 담긴 제 자신의 편견과 꼬라지를 본 것이다. '제 눈 제보기.'그것이 회개다. 대동정의, 이것이 하나 됨으로 들어가는 거다. 하늘나라에 들어간 거다. 그러려면 자기가 꼬꾸라져야 한다. 바울이 꼬꾸라지고 저밖에 모르는 눈이 멀었다. 그래서 '하나'를 보는 새로운 눈을 떴다.

사랑하기 때문에 사람은 싸우는 것이다.

모든 사물이나 존재는 내적 통일성이 없으면 존재자체가 성립되지 않는다. 모든 생명체는 다양하면서도 내적 통일성이 없으면 죽는다. 몸도 유기적인 내적 통일성과 연관성이 없으면 죽는 거다. 통일성을 잃는 것이 죽는 것이다. 또 정신이나 마음도 내적 통일성이 없어서 분열이 생기면 그것이 미치는 거다. 정신이나 인격이나 하나의 초점을 가져야 한다. 하나 되는 초점을 가지는 것이 정신이고 인격이며, 영혼이다. 사람은 늘 하나를 추구해야 하는 거다.

서로 다른 것이 어떻게 하나로 되는가. 다석은 각자가 하나 되는 길로 가서 각자가 기다려야 한다고 했다. 호수 물이 맑아지려면 휘젓기보다는 가만히 두어야 한다. 그래야 호수 물이 가라 앉아서 맑아진다. 이런 점에서 소극적이고 조용하다. 함석헌 선생은 조금 다르다. 다석과 비슷하지만 비폭력 투쟁을 내세웠다. 싸우기는 치열하게 하면서 하나가 되는 마음으로 싸워야 한다고 했다.

'하나' 를 품고 사랑하기 때문에 사람은 싸운다. 사랑하는 방식으로 싸우는 것이 비폭력이고 지배와 폭력을 뛰어 넘는 길이다. 다른 길이 없다. 비폭력도 아무나 할 수 있는 것이 아니다. 간디, 함석헌, 예수처럼 어느 경지에 가서 '하나 됨'의 신념을 가지고 그런 방식을 실천할 수 있는 능력이 있을 때 할 수 있다. 아무나 흉내 내서 되는 일이 아니다. 비폭력을 하려면 '하나 됨'에 대한 자기 신념이 뚜렷해야 한다. 그 다음에 혼자만이 아니라 더불어 할 수 있는 집단적인 훈련이 될 때 비폭력투쟁이 가능하다. 전태일의 어머니 이소선 여사가 노동자 투쟁에서 이점을 강조했고, 노동운동에서 단 한번이라도 비폭력투쟁이 집단적으로 이루어지기를 원했다.

내가 씨올이다.

다석사상의 뿌리인 씨올사상을 어떻게 퍼트릴 수 있는가. 노동자나 가난하고 소외된 사람들의 언어로 곱씹어서, 입에 녹여서 애기들을 먹일 때처럼 해야 한다. 유영모 함석헌 얘기를 하면 어렵다는 사람들이 많다. 사실일 수 있다. 그러나 우리는 어릴 때부터 주입식으로 쌓인 생각과 습관들이 있다. 다석이 말하는 '주체, 주인, 씨올'이라는 말 자체를 모르는 것이 아니다. 잘못 주입된 사고체계가 우리를 어렵게 만든다. 씨올로서 생각한다는 것은 이런 습관적인 사고체계를 깨는 것이다.

함석헌의 씨올의 소리를 보면 무식하고 가난하고 힘없고 무시당하는 사람들을 격려하는 소리가 전부다. 이런 사람들이 스스로 일어나도록 일깨워주는 얘기들이다. 이 사람들에게 힘주는 얘기다. 씨올사상 전체가 그렇다. 어려운 얘기가 아니라 아주 쉬운 얘기다. 외롭고 힘들고 가난하고 무시당하는 사람들이 당당한 주인이 되자는 거다. 모두가 '내'가 역사와 사회의 씨올이라는 것이다.

우리 스스로 일어서면 된다. 가난하고 힘없는 사람들이 내가 나라의 주인이고, 역사의 주인이고, 하나님의 아들딸이고, 생명의 주체임을 깨닫고, 나다운 나로서 끊임없이 일어나라는 거다. 나대로 스스로 서라는 말이다. 씨올이 되어 씨올로서 스스로 일어서는 사람에게는 씨올사상이 어렵지 않다.

씨올은 실패를 두려워해서는 안 된다. 예수도 실패했다. 그리스도인의 신앙은 실패한 정의의 편에 서는 것이다. 현실에서는 실패한 정의에 서면서 정의가 이루어질 때까지 예수의 정의를 붙잡고 지키는 것이 그리스도인의 본분이다. 씨올사상은 실패와 고난을 무릅쓰고 씨올의 생명과 정의를 펼치자는 거다. 다석은 씨올의 자리에서 씨올의 생명과 정의를 끝까지 붙잡고 사신분이다.

제13강

동서정신문화를 융합하다

다석
유영모

유영모 함석헌 철학은 3·1정신과 운동이 바탕이다.

「다석 유영모」마지막 장은 '동서 정신문화를 융합하다'이다. 우리의 옷 입은 모양이나 머리 깍은 모습은 100년 전이나 200년 전의 모습과는 아주 다르다. 예전에는 수염도 길러야 하고, 상투를 틀어야 했다. 우리나라에 서양문물이 들어오면서 생활양식이 크게 달라졌다. 지금의 가옥구조, 도로나 도시의 양식도 서양의 문화를 그대로 받아들인 것이다.

순복음교회 신학원에서 몰트만 박사를 초대하고 대화를 한 적이 있다. 한국에서 몰트만의 책이 신학서적 가운데 제일 많이 번역되었다. 당시 한국교회협의회 신학위원들을 초대해서 몰트만 박사와 대화할 때 참가한 적이 있다. 한국 신학자들이 한국적 신학과 영성을 강조하면서 몰트만의 신학에 문제를 제기했다. 신학자들이 한국적인 이야기를 자꾸 하니까 몰트만 박사가 뒤를 돌아보면서 이렇게 말했다. "저기 밖을 보라! 저 빌딩, 저 불빛들이 동경이나 뉴욕이나 런던이나 무엇이 다르냐? 똑같다."고 했다. 실제 도시의 외형은 똑같다. 음식도 비슷한 것을 많이 먹는다. 한국인의 생활방식뿐 아니라 사고방식과 의식도 서구화되었다. 그러나 한국인이 서구인과 똑같이 된 것은 아니다. 한국 사람들은 여전히 쌀밥, 간장, 된장, 김치를 주식으로 먹고 인간관계나 생각하는 방식에는 한국적인 흔적이 남아 있다.

한국의 어떤 철학교수들은 한국철학과 사상이 따로 있는 게 아니라고 한다. 한국인들이 서양철학을 받아들여 공부하고 이해하면 그것이 바로 한국철학이라고 주장한다. 우리나라 헌법의 철학과 사상도 칸트나 계몽철학에서 나온 것이라고 한다. 서구 근대철학의 배경에서 한국 헌법의 정신이 나왔다는 것이다. 나는 이런 주장에 동의하지 않는다. 헌법조문의 개념이나 논리는 서구철학에서 왔는지 모르지만 헌법정신은 헌법전문에 밝힌 대로 3·1운동과 3·1정신에 뿌리를 둔 것이다. 동학운동, 3·1운동, 4·19 혁명과 7~80년대 민주화운동의 바탕에서 헌법이 나온 것이다.

물론 헌법을 만들 때 독일이나 미국의 헌법을 참고했고 서구의 헌법은 당연히 서구정신과 철학에서 나온 것이다. 그러나 한국헌법의 이념과 정신은 3·1운동의 정신에 뿌리를 둔 것이다. 동학운동과 3·1독립운동, 4·19혁명과 7~80년대 민주화운동이 있어서 나라가 형성되고 헌법이 나온 것이다. 그냥 서양의 헌법조문을 가져다가 짜 맞춘 헌법은 휴지조각에 지나지 않는다. 자유당 독재, 군사독재 시절에 우리나라 헌법을 우리나라 판사나 검사가 얼마나 유린하고 무시했는가. 대통령도 장관도 헌법을 존중하지 않았다. 이런 헌법이 무슨 의미가 있겠는가. 동학과 3·1운동과 민주화운동을 통해서 우리 사회 속에서 형성된 민주정신만큼 헌법은 존중된다. 그래서 전두환 정권조차도 헌법전문(憲法前文)에 헌법정신이 3·1운동의 정신을 이어받는다고 했고, 대한민국은 임시정부의 법통을 이어 받는다고 했다.

철학하는 사람들 가운데 3·1 정신과 운동을 연구한 사람을 찾아보기 어렵다. 정치학자, 역사학자들은 3·1운동에 대해서 조사하고 연구했지만 사회 정치 역사 연구에 그쳤다. 이것은 철학하는 사람들이나 정치하는 사람들이 3·1운동의 의미를 깊이 생각하지 않았다는 것을 뜻한다. 3·1운동은 헌법정신의 토대이고 임시정부의 모태이며, 민족국가주의를 넘어서 세계평화를 지향하였다. 한국민족은 식민지 백성으로서 역사의 깊은 나락에서 절망과 고난을 겪으면서도 3·1운동을 통해서 높은 도덕과 정신을 바탕으로 민족의 자주독립과 세계평화의 이상을 제시했다. 3·1 정신과 독립선언서를 철학적으로 연구해서 국민교본을 만들어야 한다. 그래야 우리 국민들이 헌법을 읽고 헌법에 있는 정신을 운동으

로 일으킬 수 있다. 촛불시위 때 헌법을 노래로 불렀다. '모든 권력은 국민으로부터 나온다.'

유영모와 함석헌의 철학은 3·1 정신과 운동에 근거한 철학이다. 유영모, 함석헌의 스승인 남강 이승훈 선생이 기독교 대표로서 3·1운동을 조직했다. 3·1운동과 정신은 민을 새롭게 하고 주체로 일으켜 세우는 신민(新民)정신과 씨올정신을 반영한다. 우리 민족사를 바로 세우기 위해서 3·1정신, 안창호, 이승훈, 유영모, 함석헌을 마르고 닳도록 공부해야 한다. 3·1정신과 씨올철학을 연구하고 밝히는데 힘을 모아야 한다. 이 연구결과를 영어로 번역해서 제3세계의 민중들이 읽으면 좋은 교훈이 될 수 있다. 저 나라는 나라를 잃고 식민지 생활을 했는데도 민주주의를 위해서 줄기차게 싸우더니 산업도 발전하고 문화도 발달한다고 하지 않겠는가. 씨올정신이 바로 서면 나라가 바로 설 수 있다. 헌법정신대로, 3·1운동의 정신대로 하면 나라가 나갈 길이 환하게 드러날 것이다.

정신에도 길이 있다.

우리가 양복을 입고 산다는 것은 이미 우리의 삶과 의식 속에서 동서문화가 융합하고 있다는 것을 나타낸다. 우리 몸과 마음은 한국과 동양의 몸과 마음인데 서양식 옷과 건물과 제도 속에서 산다. 우리 몸과 마음, 삶과 의식 속에서 동서정신문화의 통합이 이루어지고 있다. 우리가 학교에서 받은 교육도 서양식 교육이다. 그러나 우리 심성과 문화적 토양은 동양적이고 한국적인 것이다. 우리나라는 서양문화를 주체적으로 받아들였다. 서양사회에는 동양정신이 깊이 들어갈 수 없었다. 유럽과 미국사람들은 동양정신문화를 경험할 기회가 많지 않다. 그러니 유럽이나 미국에서는 동서 문명이 제대로 깊이 만나지 못했다.

한국은 세계사에서 동서 문명이 가장 깊고 풍부하게 만난 자리다. 이 만남의 중심에서 유영모 함석헌의 씨올사상이 나왔다. 한국의 근현대사는 동서정신문명의 만남의 과정이고, 민중의 자각과 민주화운동의 과정이었다. 민중의 자각과 민주화운동도 서양문화의 도전과 자극을 통해서 시작되었다. 5천 년 민족사 속에서 짓눌려서 잠들어 있던 민중이 낯선 문화적 충격을 받고 깨어났고 일어났다. 민주화 과정 자체가 동서정신문화의 참다운 융합이다. 토종민중이 서양 기독교와 민족주의, 과학정신의 세례를 받고 일어났다.

일본은 서양의 경제와 과학, 정치와 군사제도만 받아들였다. 기독교는 받아들이지 않았다. 중국은 공산화하면서 전통종교문화는 밟아버리고 서구 기독교는 쫓아냈다. 아프리카는 산업화와 민주화가 발달되지 못했다. 남미의 인디언 문화는 서양문화에 의해 짓밟히고 주변으로 밀려났다. 인도는 영국이 300년 동안 지배했지만 기독교가 여전히 변두리

종교다. 기독교는 인도문화의 중심에 들어가지 못했다. 힌두교가 중심에 꽉 버티고 있고, 카스트제도가 오늘날까지 엄존해 있다. 이것은 서양의 근대정신이 인도의 중심에 들어가지 못했다는 것을 뜻한다.

이상할 정도로 한국만 활짝 열려 서구의 정신문화, 기독교, 민주정신, 과학사상이 제대로 들어왔다. 유영모 함석헌은 서구의 기독교정신, 과학정신과 민주정신에 사무쳐 있으면서 누구보다 한국적이다. 유교 도교 불교의 정신이 이들에게 힘있게 살아 있다. 세계화 시대에 한국인은 주체적 한국인이면서 세계시민이 되어야 한다. 그렇게 되려면 동서를 하나로 통합하는 정신적인 삶의 토대가 마련되어야 한다. 유영모 함석헌은 동서고금사상의 정신을 회통시키고 융합함으로써 세계시민의 정신적 사상적 토대를 놓았다.

공통적인 정신의 지평이 있어야 사람들이 서로 만나서 마음이 통한다. 동서정신의 중심을 뚫어야 그 뚫은 길로 사람들이 가서 만날 수 있다. 정신에도 길이 있다. 유영모 함석헌이 세계가 하나로 만날 수 있는 길을 뚫어 놨다. 유영모의 사상에는 하나로 뚫린 세계가 열려 있다. 유영모는 세계인, 지구인을 형성하는 철학과 사상의 기반을 마련했다.

다석은 동서고금을 아우르는 사상가다. 다석의 정신과 사상 속에서 동양과 서양의 정신문화의 지평이 합류함으로써 새로운 정신사적 지평이 생성되었다. 다석은 동서의 정신적 만남과 융합에서 동(東)과 서(西)

의 우월과 열등을 말하지 않고, 주(主)와 종(從)을 말하지 않았다. 동서고금의 정신과 문화를 살리는 전체하나의 자리에서 대종합의 사상을 형성하였다. 동양사상도 주체이고, 서양사상도 주체다. 주체와 주체가 만난 것이다. 사람은 늘 자기 자리에서 상대(문화)를 받아들이게 마련이다. 받아들이는 주체와 받아들여지는 대상으로 머물기 쉽다. 그러나 작은 자아를 넘어서 빈탕한데의 하늘에서 살았던 다석은 자신의 삶과 정신 속에서 동양과 서양을 주체적으로 생동하게 만나게 했다. 유영모 정신의 가장 깊은 곳에 기독교 정신이 박혀 있다. 동아시아 문화 속에서 자란 토종한국인 다석의 정신에 기독교, 민주주의, 과학정신이 사무쳐 있다. 그의 삶과 사상 속에 동양문화와 서양문화가 다 주체로서 생동하며 살아있다.

다석은 동양도 서양도 아닌 새로운 사유의 지평, 새로운 정신세계, 제3의 세계를 열었다. 이것은 철학적으로 매우 중요한 것이다. 아직 남북통일을 이루지 못했지만, 민주화운동을 이루고 경제 사회 문화가 나름대로 발달해 가고 있다는 점에서 한국은 동서정신문화의 만남의 창조적 사례를 보여준다. 다석의 씨올철학 자체가 동서정신문화의 창조적 만남에서 나온 것이다. 사무엘 헌팅턴(Samuel P. Huntington)이 문명충돌론을 얘기했다. 서양의 기독교 문명과 이슬람 문명이 충돌할 수밖에 없고, 조화롭게 서로 만날 수 없다고 주장했다. 그러나 한국의 역사와 사회에서 동양종교문화와 서양종교문화가 만났는데 충돌해서 파괴된 것이 아니라, 창조적이고 아름다운 상생과 공존의 가능성을 보여주고 있다.

씨올의 자리, 민중의 자리에 내려가야 회통이 가능하다.

동서고금의 정신과 사상을 융합한 다석사상의 중심에는 '나'철학이 있다. 내 속의 중심에 있는 참 나가 전체생명의 '나'이다. 전체생명의 나를 '한 나', '하나,' '하나님', '한나님', '한아님'이라고도 한다. '한 나'는 '하나'라는 뜻도 되고, '큰 나'라는 뜻도 된다. 깊이에서 보면 '나', 주체이고, 크게 보면 '전체'이다. 모든 생명과 존재는 주체의 차원과 전체의 차원이 있다. 주체의 깊이에서는 모든 다른 주체와 통하고 전체의 자리에서는 우주만물이 하나로 만난다.

씨올은 스스로 하는 생명의 주체와 서로 이어지고 소통하는 전체생명을 함께 나타낸다. 역사와 사회의 바닥에서 전체의 짐을 지고 오직 몸과 맘으로 살아가는 민중의 자리도 역사의 주체와 전체가 만나는 자리다. 그러므로 씨올의 자리, 민중의 자리에 내려가야 비로소 회통이 가능하다. 민중의 자리, 전체의 자리에 서야 사회 계급적 편견이 없어지고, 어떤 유행이나 경향에서 벗어나 참된 주체로서 두루 통할 수 있다.

원효, 최제우, 최해월, 유영모, 함석헌은 모두 회통의 철학자다. 이들은 민중의 자리까지 내려감으로써 사상의 회통에 이를 수 있었다. 다석은 인간세계에서 연대기적 진보나 직선적 진보는 없다고 했다. 오랜 시간이 간다고 해서 진보가 이루어지는 것은 아니다. 정말 진보는 언제 어디서 이루어지는가. 한 사람 한 사람의 '나'가 나아가는 만큼만 진보가 이루어진다. 씨알 한 사람 한 사람의 '나'가 나아가는 만큼 인류역사는나아간다. 그 한 사람 한 사람의 '나'가 모여서 '전체'가 되고, 전체의 '나'가 나아간 만큼만 진보가 이루어진다. 아무리 과학기술과 산업이 발달하고, 정치사회 제도가 발달해도 국민의 정신과 삶이, 한 사람 한 사람의 '나'가 나아가지 못했다면 진보한 것이 아니다.

다석의 회통철학은 천지인합일에서 시작된다. 사람 속에서 하늘과 땅이 하나로 된다. 하늘과 땅과 사람이 하나로 되는 것은 사람이 하늘과 땅 사이에서 주체로 우뚝 서는 것이며 생명전체, 우주전체가 하나로 되는 것이다. 하늘과 땅이 하나로 되는데 거기에 걸리고 막힐 것이 무엇이 있겠는가. 막힘과 걸림 없는 자유에 이르고, 다 하나로 소통되고 회통한다. 다석이 말하는 천지인합일은 하늘과 땅을 중간에서 어떻게 적당히 절충하는 것이 아니라, 빈탕한데 하늘에서 대통합을 이루는 것이다. 하늘에 머리를 두고 하늘을 추구하고 하늘을 모시고 하늘에 이를 때 비로소 천지인합일이 이루어진다.

다석이 말한 빈탕한데의 유희삼매(遊戲三昧)는 탈역사적, 탈세상적인 유희가 아니다. 하나님의 아들로서, 우주와 생명세계의 주인과 주체로서 사람은 사랑의 무한책임을 지는 존재였다. 편견이나 욕심, 상대적인 시비판단의 다툼에서 벗어나 하나님의 사랑과 정의에 몸과 마음을 맡기고 놀자는 것이었다. 자아와 상대세계의 욕망과 집착과 주장이 없는 빈탕한테가 하나님의 정의와 사랑의 세계다. 정의와 사랑의 빈탕한데서 우주의 생명과 역사를 완성하는 놀이를 하는 것이다.

빈탕한데의 놀이는 사랑과 정의를 실현하는 놀이다. 빈탕한데로 갈 때만 사랑을 말할 수 있고 정의를 말할 수 있다. 빈탕한데의 놀이는 세상을 초월한 근엄하고 엄숙한 것이 아니라 유치원 어린애 같이 천진난만하게 놀이하는 그런 놀이다. 자기를 잊고 어린이처럼 노는 것이다. 서로 치고 받을 수 있고, 서로 상처를 줄 수도 있다. 그러면서도 서로 털어버리고 놀이하듯이 세상을 사는 거다.

다석에 따르면 결국 사람은 '하나 되자는 거다. 하나님이 되자는 거다. 하나님에게 가자는 거다. 하나님 닮자는 거다.' 또한 사람은 '하나님의 지극히 작고 형편없는 어린 자식이다. 유치원 어린애 같은 존재다. 감히 하나님과 견줄 수 없다. 다만 하나님을 그리워하면서, 하나님을 닮으려고 어린애처럼 놀이하는 것뿐'이라고 다석은 말했다. 다석은 이렇게 한쪽에서는 하나님과 하나 되는 금욕적이고 엄숙한 얘기를 하면서도, 한쪽에서는 사람은 실수하고 잘못하는 존재이므로 어린애처럼 툴툴 털어버리고 장난치고 놀자고 했다.

역사와 전체, 민중의 자리에서 생각하자.

한국 근현대사상사의 첫 머리에 다산 정약용이 있다. 다산은 훌륭한 선비이고 학자이며 인격적으로 곧은 사람이다. 무엇보다 민중을 사랑한 사람이다. 천주교 신자들을 박해하고 죽이는 정국에서 그는 여러 차례 자신이 천주교인임을 부정하기도 했다. 그랬어도 수십 년이나 귀양살이를 해야 했다. 다산에게는 기본적으로 왕에게 충성해야 한다는 의식이 있었다. 유교사상과 왕에 대한 충성심을 견지하면서, 민중적이고 민주적이며 민본적인 생각을 가졌다.

다산은 아리스토텔레스 철학과 중세의 토마스 아퀴나스 신학철학에 배경을 둔 마테오 리치의 신학을 받아들였다. 공자 맹자는 높이고 성리학은 비판했으며, 불교나 도교에 대해서도 매우 비판적이었다. 다산은 다석처럼 유교 불교 도교를 회통하지는 못했다. 기독교와 서양근대정신과 과학정신을 전체적으로 받아들인 것이 아니다. 그는 봉건왕조 시대의 제약 속에서 살았기 때문에 민주정신의 원칙을 확립하고 민중운동에 헌신할 수 없었다. 민중의 심정과 처지에서 생각하고 행동했다고 할수없다.

동학은 민중의 삶 속에서 시작되었다. 최제우는 양반이지만 가난한 선비로서 민중의 고통을 보고 민중과 하나가 되는 심정을 갖게 됐다. 민중을 만나서 민중의 심정으로 민중의 처지에서 철학을 했다. 그래서 동학과 함께 민중운동이 일어난 것이다. 시천주(侍天主), 인내천(人乃天), 사인여천(事人如天)의 민중원칙이 확립되었다. 사람마다 속에 하나님을 모시고, 사람을 하나님으로 섬기고 사람이 곧 하나님이라고 했으니까, 신분이나 계급차별이 있을 수 없다.

그렇지만 동학에도 아쉬운 점이 있다. 동학은 외세를 배격하고, 배타적이다. 시천주(侍天主)를 얘기하면서도 인간의 본성에는 깊이 파고들지 못했다. 함석헌 선생은 동학이 비폭력 평화주의에 이르지 못한 것을 지적했다. 최제우 자신이 검가를 부르고 검무를 추기도 했다. 주문이나 부적을 씀으로써 대중의 호응과 참여가 있었다. 우리나라 사람들은 생각하는 것을 싫어하는 경향이 있다. 생각보다는 감정에 끌린다. 또 동학의 경전인 동경대전은 한문으로 되어 있고 용담유사는 한글로 되어 있으나 글자만 한글이지 내용은 한자어로 되어 있다. 증산교의 경전도 국한문혼용체라 하지만 다 한문이 주를 이룬다.

유영모 함석헌은 우리말, 우리 글로 철학을 했다. 철저히 민중적이고, 과학적이고, 치열하게 생각했다. 인간의 본성을 철저히, 깊이 탐구했다. 유영모와 함석헌은 같으면서도 다르다. 유영모는 자기내면을 탐구해서 내면에서 자기를 완성시키려고 노력했다. 자기를 파고들어서 자기를 실현하고 완성시킨다. 함석헌은 나를 탐구하면서도 소용돌이치는 역사의 현장 속으로 들어간다. 세상 한 가운데서 넘어지기도 하고 상처를 받기도 하면서 민중과 함께 민중의 자각과 민주화운동을 위해 나갔다.

함석헌은 동네에서 술 먹고 도박하고 쌈질, 도둑질하며 망나니 노릇을 했던 놈들도 혁명군을 소집할 때 혁명군에 따라 나서면 돌아올 때는 개선장군이 될 수 있다고 했다. 전체의 자리는 사랑과 정의의 자리다. 개인적으로 도덕적으로 결함이 있어도 전체운동에 자기를 바치면 의로운 사람이 될 수 있다.

세상에 대하여 무한책임을 져야 한다.

「다석 유영모」367쪽에 "장자(莊子)는 세상에 대한 '나'의 적극적인 책임을 말하지 않았다. 그러나 다석은 우주를 넘어서서 단일 허공, 하나님과 내가 하나라고 하였다. 그리고 신의 아들로서 우주만물의 주인으로서 세상과 인간에 대한 무한책임을 강조하였다."는 말이 나오는데 여기서 '책임'이 무엇인가. 다석이 말하는 책임은 세상과 인간이 온전히 실현되고 완성되도록 돌보는 것이다. 세상과 인간이 잘못되지 않도록 하는 것이 신의 자녀인 나의 책임이다. 다석의 씨올철학에서 책임은 한 사람 한 사람의 주체적인 책임을 말한다. 그것은 당위적인 책임이 아니라 도망갈 수 없는 그러나 자발적이고 헌신적인 '나'의 적극적인 책임이다.

장자는 세상을 넘어서서 허공세계에서 자유롭게 노닌다고 했다. 장자는 나라 잃은 백성으로 가난하게 살았다. 아내가 죽었을 때 장자는 돗자리에 앉아 대야를 두드리면서 노래를 불렀다. 장자는 생사를 초월한 대공(大空)의 자리에서 아내의 죽음을 보았다. 아내는 우주의 없음에서 와서 없음으로 돌아간 것이다. 죽은 아내는 이제 우주 안에 잠들어 있다. 그러니 슬퍼할 필요가 없다는 것이다. 삶과 죽음의 경계를 허물어 버리고 삶과 죽음에 매이지 않고 다 털어버리고 무한한 허공 속에서 자유롭게 놀자는 것이다.

큰새가 지상에 머물러 있지 않고 구만리 허공에 떠서 하늘에서 노니는 격이다. 세상 작은 일에 신경도 안 쓰는 거다. 장자는 세상에서는 어렵고 고달픈 사람이지만 그 고달픈 현실에 매이지 않고 역사와 현실을 뛰어넘어서 대 자유를 누렸다. 근심과 슬픔을 떨쳐 버리고 너울너울 춤을 추는 것이다. 이처럼 장자는 큰 자유를 말하지만, 현실의 아픔과 문제에 대한 알뜰살뜰한 구체적인'나'의 행위와 책임을 말하고 있지는 않다.

함석헌은 노자와 장자를 좋아했다. 그러면서도 현실에서는 싸워야 했다. 나이 70이 넘어 형사들과 몸싸움도 하고 옷도 찢어지고 했으니 얼마나 한심했겠는가. 하늘을 붉게 물들이며 지는 해처럼 인생의 마지막도 그렇게 장엄해야 하건만, 현실에서는 욕설을 들어야 하고 심지어 전두환 시절에는 보안대로 끌려가 수염을 뜯기는 수모를 당했다. 그러면서도 함석헌은 장자를 읽으면 시원하다고 했다. 현실에서는 시달리지만 마음은 하늘처럼 자유롭다고 했다. 작은 새가 목이 마르면 냇가에 서물을 조금만 마셔도 되는 것처럼, 장자의 숲에 들어가서 조금만 맛보아도 자유로워진다는 것이다.

유영모 함석헌은 장자의 자유로움을 누리면서도 장자의 자리에 머물지 않는다. 함석헌은 세상에 대하여 무한책임을 지는 사람의 도리를 지켰다. 70대 중반의 나이에도 정치적인 압박 속에서 돈 없이 『씨올의 소리』를 내고 글을 쓰고 민주화 투쟁의 전면에 서야 했다. 몸과 마음이 지쳐서 주저앉을 때마다 함석헌은 "내가 이러면 안 되지. 사람 되어야지" 하면서 벌떡 일어났다고 한다. 함석헌에게 사람이 되는 것은 인간과 세상에 대해서 무한책임을 지는 것이다.

다석은 빈탕한데 놀이가 무한책임이라고 했다. 예수의 십자가가 빈탕한데 맞혀 놀이다. 하나님의 아들이면 하나님이 만든 세상을 떠날 수 없다. 세상에 대하여 무한책임을 져야 한다. 하나님의 아들이고 딸이면 큰일을 하던 작은 일을 하던 죽을 때까지 세상에 대한 책임을 놓을 수 없다. 마음으로는 한없이 자유로우면서도 삶과 행동에서는 끝까지 그 책임과 사명을 지고 죽어야 한다.

종합

—

다석 유영모의 철학과 사상

민(民)을 주체로 내세우다.

1년 가까이 다석 유영모 13강까지 따라오느라 애쓰셨다. 오천년 민족사 속에서 민중의 집단적 자각이 본격적으로 이루어진 시기는 사실 얼마 되지 않는다. 그 이전에는 민중이라고 하면 종이거나 쌍놈이거나 바닥사람으로 말도 제대로 못하고 머리도 제대로 못 드는 그런 삶을 살았다. 실제 역사기록에의 어디에도 민중의 소리가 제대로 들어간 적이 없다. 물론 망이, 망소이 같은 민중이 "왕후장상의 씨가 따로 있느냐?" 면서 저항운동을 일으키기도 했지만 이내 진압되고 더 혹독한 탄압을 받았다. 조선왕조 말기까지 그랬다.

서구의 정신문화가 한국문화로 유입되는 시점이 조선왕조가 쇠퇴하고 몰락하는 과정과 맞물려있다. 조선왕조의 지배 권력이 쇠퇴하고 몰락하면서 서구정신문화가 들어왔다. 그러면서 오천년 동안 역사와 사회의 밑바닥 속에 눌려있던 민중의 자각이 이루어진다. 민중이 역사의 주체로, 사회의 주체로 일어서는 일이 이루어졌다는 것이다. 크게 보면 동양정신문화와 서양정신문화가 만나는 세계문명사적 지평에서 그리고 오천년 민족사 속에서 민중이 자각하고 일어서는 과정에서 유영모 함석헌이 씨올철학을 형성했다.

가깝게는 조선왕조가 몰락하고 일제의 식민지가 되어가는 과정에서 동학혁명이 있었고, 독립협회와 만민공동회가 있었다. 이 과정에서 안창호라는 인물이 나왔다. 안창호는 기독교정신과 민주정신을 깊이 받아들였고, 독립협회와 만민공동회를 통해서 민중과 만나는 체험을 했다. 안창호는 20세 때 수많은 국민들 앞에서 감동적인 연설을 함으로써 국민을 일으켜 세웠다.

7~80년대 이른 바 운동권이 사회주의이론과 사회과학지식에 경도됨으로써 안창호를 낮추어보는 경향이 있었지만 이것은 그 시대의 지성사적인 오류이고 편향이라고 생각한다. 지금도 안창호를 시원찮게 생각하는 사람들이 있지만 안창호는 반드시 재평가되어야 한다. 그는 참 곧은 사람이고 정성을 다하는 사람이었다. 민중 한 사람 한 사람을 덕스럽고, 힘이 있고 지혜로운 사람으로 일으켜 세우자 했다. 그는 민중의

자각이 이루어지기를 기다렸고, 자각한 민중이 스스로 이끌어가도록 비켜섰던 지도자였다. 섬기는 지도력, 이것이 안창호 정신의 핵심이다.

안창호는 신민회(新民會)를 만들었다. 말 그대로 민(民)을 새롭게 하는 모임이다. 민을 새롭게 하는 것은 민을 자각시키는 것이다. 신민회는 교육입국(教育立國)을 내세웠다. 민을 교육시켜서 민을 주체로 일으켜 세워야 나라를 되찾고 바로 세울 수 있다는 것이다. 안창호는 이 일념으로 연설을 하고 조직을 했다. 당대의 큰 사업가 이승훈 선생이 그 강연을 듣고 크게 감동했다. 나이가 안창호보다 14살이나 더 많은데도 이승훈은 안창호의 연설을 듣고는 상투를 자르고 한복을 벗어버리고 나라를 위하는 일에 안창호를 따르기로 하였다. 감동이 얼마나 사무쳤던지 이승훈은 처음 몇 년 동안은 혼자 방 안에 있다가도 눈물을 쏟으면서 "우리가 이러고 있으면 안 된다."고 주먹으로 방바닥을 쳤다고 한다. 신민회의 목적사업으로 이승훈은 오산학교를 세웠다. 오산학교는 섬기는 교육의 모범이다. 오산학교에서 유영모와 함석헌이 만났다. 유영모 함석헌의 씨알사상은 이런 역사적 배경을 안고 있다.

다석은 민중정신, 민주의식이 사무쳐 있는 사람이다. 오산학교에서 유영모는 물리화학을 가르친 과학교사였다. 천문학과 수학을 좋아했다. 서구 근대철학과 과학정신을 깊이 받아들였다. 서구문명의 세 축인 기독교, 민주정신, 과학정신을 유영모 함석헌처럼 철저하게 깊이 받아들인 사람이 없다. 유영모 사상에서는 '생각'이 매우 중요하다. '생각'은 서구 근대철학의 핵심이다. 그리스 로고스철학의 핵심개념이다. 데카르트의 "나는 생각한다. 고로 나는 존재한다."라는 명제가 서구근대철학의 핵심인데 이것을 유영모 함석헌이 깊이 받아들였다.

유영모 함석헌은 아시아의 유교 불교 도교와 한국의 사상과 정신에 사무쳐 있는 분들이다. 유교 불교 도교가 이 두 분의 삶과 정신 속에 깊이 배어 있다. 동서고금의 사상과 정신, 기독교, 서양근대철학, 과학사상, 동양의 유교 도교 불교, 한국의 '한'(韓, 一)사상에서 가장 핵심적이고 순수한 물줄기, 그 알짬이 정화된 형태로 유영모 함석헌의 정신과 삶 속에 흘러들어갔다고 생각한다. 유영모와 함석헌은 동서고금의 사상과 정신의 핵심 알짬을, 그 중심을 제대로 붙잡았다. 동서고금의 사상과 종교철학의 가장 순수한 샘물이 유영모 함석헌에게 흘러들어 합류했다.

어떻게 그럴 수 있었나? 첫째 유영모 함석헌은 정신적으로 영적으로 누구보다 순수한 분들이다. 글이나 삶을 보면 이 분들처럼 순수한 분이 없다. 착한 분들이고 양심적인 분들이다. 진리와 참을 탐구한 사람이다. 곧고 순수하고 열려있는 사람이다. 이들의 맑고 치열한 삶과 정신을 통해서 동서고금의 사상과 정신이 정화되어 그 핵심 알짬이 살아날 수 있었다. 둘째 일제의 식민지백성으로서 역사와 사회의 바닥에서 민중의 심정을 가지고 민중과 더불어 살았기 때문에 오염되고 왜곡된 내용과 굳어진 껍데기를 벗겨 버리고 삶과 정신의 알짬 진리를 만날 수 있었다. 동서고금의 사상과 정신이 역사와 사회의 밑바닥 식민지 백성의 삶과 정신 속으로 흘러드는 과정에서 정화되고 순화되어 알짬 핵심만이 드러날 수 있었다.

유영모와 함석헌은 역사와 사회의 바닥에서 민중의 심정으로 생각하고 살았으므로 모든 편견과 오염된 생각을 버리고 핵심 알짬을 체득할 수 있었다. 세상 밑바닥에서 사는 사람에게는 차별이나 편견이 없다. 자기의 특권이나 이익을 위해서 진실을 왜곡할 필요가 없기 때문이다. 이 자리에는 동서고금의 사상과 정신이 정화되고 순화되어 그 순수한 물줄기가 들어올 수밖에 없다. 동서고금의 사상과 정신의 알짬, 세상에 이런 보물이 없다.

참 기독교를 만나려면 유영모 함석헌 사상을 들여다봐야 한다. 불교의 정신, 유교 도교의 정신이 유영모 함석헌한테 가보면 환히 비추어진다. 유영모 사상은 글이 너무 난해하고 어떻게 보면 흩어져 있지만 종교의 참 모습을 제대로 보여 준다. 함석헌 글도 체계적으로 정리 되어 있지 않지만 아주 아름답고 풍성하다.

내가 스스로 바로 서야한다.

유영모 함석헌 사상의 중심이 무엇인가. 민중의 자각이다. 유영모 함석헌은 민중 대신에 씨올이라는 말을 썼다. 그러면서 "나도 한 작은 씨올"이라고 했다. 스스로 씨올의 자리에 같이 서려고 했다. 어떻게 하면 씨올민중이 주체가 되어서 일어서는가. 그리고 민중이 주체로 일어선다는 것의 구체적인 내용이 무엇인가. 이것이 안창호, 이승훈, 오산학교, 3·1운동의 과제였다. 유영모 선생은 한 마디로 스스로 깨달아서 일어서는 것이라 했다. 남이 대신 깨달아 줄 수 있는 것이 아니다. 자각이라는 말 그대로 스스로 깨닫는 것이다. 그러니까 이승훈 안창호 유영모 함석헌 이런 분들은 열심히 가르치지만 겸허하게 섬기는 자세로 가르쳤고, 그 정신을 대신해 주려고 하는 것이 아니라 스스로 일어나도록 모범을 보인 거다.

이승훈 선생은 솔선수범했던 스승이다. 오산학교를 지을 때도 돌을 나르고 목재를 나르면서 앞장섰다. 그러면 다른 선생이나 학생들이 따라서 앞장섰다. 손이 쉬는 시간만 있으면 마당을 쓸었다. 오산학교가 평안북도 정주군에 있었으니까 겨울에 얼마나 추웠겠는가. 재래식변소이니까 똥이 얼어서 똥 무덤이 올라와도 치우는 사람이 없었다. 어느 날 선생이 도끼를 가지고 가서 얼음 똥 무더기를 까는데 부스러기가 튀어서 입으로 들어가곤 했다. 그러면 그것을 입으로 뱉으면서 얼음 똥 무더기를 깼다고 한다. 말년에는 학생들에게 자기가 오산학교에서 한 것이 있다면 아무것도 없고 다만 똥 먹은 것밖에 없다고 말씀하셨다.

3·1운동도 기독교 진영은 이승훈 선생이 조직했다. 민족대표로 감옥에 들어가서 3년 반 옥살이했다. 이승훈은 감옥에 들어간 첫날부터 변기통 청소는 내가한다고 했다. 실제로 감옥에서 나올 때까지 똥통청소를 손수 했다. 말로만 남을 가르치는 것은 제대로 가르치는 것이 아니다. 이승훈 안창호 유영모 함석헌 선생처럼 몸으로 행동으로 가르쳐야 한다.

자각운동이니까 남보고 이래라 저래라 하기 전에 유영모 선생도 자기 자신을 바로 잡는데 힘썼다. 내가 스스로 바로 서야 내가 하는 말이 의미가 있다. 내가 나를 파고들어서 나를 세우는 것, 이것이 씨올철학의 출발점이다. 함 선생의 글에서도 '속을 파라.' '생각으로 나를 파라.'는 말이 자주 나온다. 나를 깊이 파고 들어가면 새로운 나가 자꾸 나온다. 나를 깊이 파 들어가면 결국 하나님을 만나게 된다.

다석은 내 속을 파고 들어가면 초월하여 하나님께로 간다고 했다. 이것을 '바탈 타기'라고 했다. 내 속을 파고 들어가서 나를 타고 올라가면 올라 갈수록 내가 나답게 된다. 개성이 살아난다. 감성이 살아나면 예술가가 될 수 있고, 이성이 살아나면 학자가 될 수 있고, 영성이 살아나면 종교가가 될 수 있다. 속으로 파고 들어가서 내게서 벗어나서 빈탕한데 없음과 빔의 세계로 들어가면, 그 빈탕한데가 바로 대동세상이고 거기서 하나 됨에 이르는 세계를 열 수 있다. 더불어 살 수가 있다. 그때 비로소 서로 싸우지 않을 수가 있다. 안 싸우고 공존할 수 있는 바탕이 그

때 비로소 열린다.

내가 생각하는 나로부터 떠나야한다.

내 속을 파고들기 위해서는 먼저 몸이 성해야 한다. 몸성히 살기 위해서 다석은 일일 일식도 하고 날마다 무릎 꿇고 단전호흡하며 명상을 했다. 몸이 성해야 마음이 놓이고, 마음이 놓여야 비로소 내속을 파고 들어가서 바탈(本性)을 탈 수 있다. 바탈을 탄다는 것은 본성을 따라 본성에 맞게 본성대로 산다는 것이다. 그것은 내가 나를 타는 것이다. 내가 나를 타고 하늘을 올라 갈 수 있다. 내가 나답게 되는 것이다.

나라는 것이 무엇인가. 이 세상에 '나'라고 하는 것은 없다. 과거도 내가 좌우할 수 없고 미래도 좌우할 수 없다. 현재라는 것도 하나의 점으로만 존재한다. 나라고 하는 것이 있는 시간이라고는 하나의 점밖에 없다. 과거는 이미 흘러가버렸고 미래는 아직 오직 않은 것이다. 내가 좌우할 수 있는 것이 아무것도 없다. 오직 하나의 점만 있는 것이다. 이 늘어놓은 공간의 세계도 사실은 내 것이 아니다. 내가 좌우할 수 있는 것이 하나도 없다. 내 밖에 있는 것도 좌우할 수 없다. 일도 사건도 내 이웃도 좌우할 수 없다. 내 맘대로 내 뜻대로 할 수 있는 것이 없다. 내 뜻대로 할 수 있는 것은 오직 하나의 점인 나밖에 없다.

시간적으로 나를 연장시키고 공간적으로 나를 연장시켜서 펼쳐놓는 것, 그것이 허황한 것이고 관념이라는 거다. 저 사람을 내 맘대로 할 수 있다고 생각하는 것, 어떤 일을 내 뜻대로 할 수 있다고 생각하는 것, 그것이 다 허황된 거다. 지나간 것을 후회해봐야 다 쓸데없다. 오지 않는 일에 대해서 내가 맘대로 할 수 있는 것처럼 생각하는 것도 교만한 것이고 허황된 거다. 시간과 공간속에 무한대로 펼쳐져 있는 그것을 하나의 점으로 줄여가지고 하나의 점으로 찍어버리는, 나를 없애버리는 것이 다석이 말한 가온찍기다. 모든 것을 하나의 점으로 찍어 버릴 때 비로소 하나님과 만나고 참나가 태어난다. 있는 것은 이 순간 한 점밖에 없고 있는 것은 오늘 하루밖에 없다. 그래서 하루를 영원처럼 살아야 하고, 오늘 속에서 '오! 늘' '늘'(영원)을 살아야 한다.

따져 보면 '나'는 몸도 물질도 아니고, 생각이나 어떤 관계도 아니다. 다석이 말한 '얼나'는 위치만 있고 존재나 지위는 없는 것이다. 사회적 지위, 소유관계, 다른 인간관계, 제도적 관계, 물질적 이해관계 속에 얼크러져있는 나는 참나가 아니다. 그런 나는 반드시 다른 사람과 충돌할 수 밖에 없고 낙심할 수밖에 없고 좌절할 수밖에 없다. 그런 관계들 속에 매인 나는 죽을 때 원망밖에 남는 게 없다.

그리고 그런 나는 죽어도 이 세상을 떠날 수 없다. 세상 속에 얼크러져 있는데 어떻게 세상을 떠나겠는가. 참 나라고 하는 것은 하나님과만 연결되어 있는 '얼나'다. 그 하나님과 연결되려면 시간과 공간으로부터 자유로워야 한다. 돈이나 사회적인 지위나 평판이나 명성이나 그런 것들과 얽힌 자의식으로부터 떠나야한다. 내가 생각하는 나로부터 떠나야한다. 그런 나만이 비로소 자유롭게 죽을 수 있다. 죽을 때 다른 사람을 축복하고 죽을 수 있다. 기쁘게 죽을 수 있는 나가 된다. 그런 나만이 죽고 나서도 세상을 지켜볼 수 있을 거다. 그렇게 자유로운 나만이 죽은 다음에도 눈을 똑바로 뜨고 세상일을 보면서 세상일에 참여할 수 있을 거다.

전태일 평전을 읽어보면 전태일도 자유로운 '나'를 가진 사람이다. 그는 자기를 불살랐다. 자기를 불살랐을 때 그는 하나의 점(點)이 되었다. 하나의 점이 되었다는 것은 시간과 공간에 매이지 않는 자유로운 존재가 된 것을 뜻한다. 그는 이제 '너의 나'가 될 수 있고 '그의 나'가 될 수 있다. 나와 너와 그의 경계를 넘나들 수 있게 된 것이다. 그래서 전태일은 친구에게 "너는 또 다른 나"라고 말할 수 있었다.

예수가 십자가에 달렸을 때 심정이나 전태일이 자신을 불태웠을 때의 심정이 같았을 것이다. 예수가 "내 살과 피를 먹어라!"고 한것은 "내가 너의 속에 들어가 너의 나가 되겠다."고 한 것이다. 기독교란 한마디로 예수의 나가 되어서 살자는 거다. 유영모 함석헌 전태일 제정구도 한 점으로서 초월한 '나'이고자 했고 다 버리고 한 점으로서 서려고 했다. 그런 나가 영원한 나다. 서로의 '나'속으로 들어갈 수 있는 '나' 다. 지금 세상에 없지만 이런 사람들은 글로, 말로, 기억으로 우리 속에 들어와 살아 있는 것이다.

유영모 함석헌의 사상에서는 구체성이 보편성과 통하고, 주체성이 전체성과 만난다. 하나의 점으로서의 나를 말하고, 우리말 우리글을 생각하면서 세계가 하나로 되는 대동세상, 세계평화통일을 꿈꾸었다. 유영모의 철학에서 씨올, 민중의 관점을 놓치지 말아야 한다. 유영모는 햇볕에 그을린 농부의 얼굴에서 노자가 말한 최고 진인(眞人)의 경지인 '빛을 부드럽게 하고 티끌과 같아짐'(和光同塵)을 보았다. 다석은 민중 생명 철학자다. 청소하고 빨래하는 여인들이 귀족 선비의 더러운 것을 씻어주는 구세주이고, 노동자 농민 빈민이 오늘의 예수이며, 우리들의 어머니고 아버지라고 했다. 이처럼 다석은 민중신학의 기본원리들을 앞질러 말했다. 역사와 사회의 무거운 짐을 지고 고통당하는 민중을 외면하는 인문학적 진술은 이미 진정성을 잃은 것이다.